新史学

观 古 今 中 西 之 变

新史学文丛

# 大学是一种生活方式

王东杰 著

北京师范大学出版集团
BEIJING NORMAL UNIVERSITY PUBLISHING GROUP
北京师范大学出版社

# 序

　　这本小书收录了 2008—2016 年我在《南方周末》、《长江日报》、《读书》、《上海书评》上发表的随笔 60 余篇。这些文章多属"时论"之列，顾名思义，就应随时间流逝而消失。不过有三个原因使我愿意把它们搜集起来。第一，这些文章最早的催生者蔡军剑先生当初说服我提笔的一个理由是：写一些"不过时"的时论。不过时，是相对的；永远不过时，便是经典，我无此能力。要想获得相对持久的价值，用军剑兄的话说，不妨考虑得"迂远"一点。这和我的兴趣投合，嗣后便秉此原则行事。第二，出本随笔集，可以送给不做学问的朋友。我的专业论著，很多朋友读不下去，这本书是个补偿。秀才人情，不过几张纸，可是，有比没有强。第三，我不知道这些文章"适应"环境的能力如何，担心忽然有一天，就没有人愿意再出它们了，所以趁早打算。

　　全书粗略地分为三辑。第一辑的主题是：我们需要什么样的传统。最近十多年，中国人开始对自己的文化有一种正面的评估，意识到它的可贵和优长，不再视如敝屣般地必欲弃之而后快。可是随着此风日盛，所及之处，沉渣泛起，表现出走向封闭的趋势。其实只要具备起码的历史意识就会知道，今人所谓"传统"，不少乃是当下的"发明"。中国古人的最高价值来源是"道"和"理"，国家之上乃是"天下"。"天不变，道亦不变"，可是礼制要变。"礼，时为大。"孟子说孔子是"圣之时者"。"礼制"之变，从时从宜，而万变不离其宗，基本原则只有一个：尊重人。子曰："仁者，人也。""人而不仁，如礼何！人而不仁，如乐何！"文化复兴，损益进退，应以"仁"为准绳，不应以膜拜权力和等级、增长骄妄之气为目的。否则，中华文化就真要葬送在此辈热衷于讲"传统"的人手中。

第二辑的文章，是希望把顾颉刚先生当年提出的一个想法重新带回公共思考中，也就是在中国建一个"学术社会"。他所说的"学术社会"，接近任鸿隽所说的"学界"（参见本书《从造炸弹到建学界》），特别指的是一个不以实际应用（尤其是政治应用）为导向的学术共同体。不过，我这里希望把其含义做一扩展。我用的是"智性社会"。这个词不是指一个由专业学者构成的社群，而是指整个"社会"而言；这个社会以智性态度为主导，它的成员，不论从事何等行业，皆有求知的好奇心和辨析力。这听来像是天方夜谭，可是它如果真是不可实现的，那皆因大家都认定它无法变现。"知识"、"学术"、"智性"，这些字眼听起来就像是拒人千里的样子，但实际并不如此。在这20多篇文章里，我试图证明，学术与社会息息相通：它把人世当作研究对象，作为一种思考方式，也为最日常的生活提供更好的可能。我们不应把学术当作敬而远之的神祇，不妨请它从高处下来，变成一个时刻相随的睿智朋友。

第三辑回到狭义的"学术社会"，也是我最熟悉的大学校园。我在大学里生活了快30年，从学生到教师，读书、教学、研究，我的生命已经和它长在了一处。它构成我的世界观，型塑了我对世界的观察和感受。这是本书书名的由来，也是所有文章的共同意态：无论什么话题，我都会坐在书桌后面思考。这也许是个弱点。嗯，我听到有人说：书呆子。诚然，书生论世，时有误事，不过在一个到处都是"实干家"的社会中，从书堆里传出的声音，有时也不无参照价值。

本辑的文章都来自我在校园生活的经验，我从中选取若干事实，做人文立场的反观。大学首先应该被看作一个人文机构，即使是专门从事自然科学或技术工程研究，也须在此前提下进行。但人文属性却恰好是今日中国大学所最为匮乏者，结果不但建设广义的"智性社会"遥遥无期，连狭义的"学术社会"也一去难返。只有恢复大学的人文活力，才能提振中国社会的元气。希望这些小文引发读者些许共鸣，为此大业略尽绵薄。至于附录中的两篇发言稿也与此相关。它们本是师生间的"私语"，可是既然已经通过各种途径进入了公共空间，亦不妨收录于此。

本书的出版要感谢好几位朋友：没有蔡军剑、禹宏两先生的敦促，大部分文章根本就不会问世。谭徐锋先生多年前就已建议将其都为一集，现在终于可以复命。并且这书名也来自他的提议，"大学是一种生活方式"，发明权在他，我欣然在衷，而不能掠人之美。

书稿整理完毕，已近岁暮。内子于半月前远赴英伦，到爱丁堡搜寻近代早期儿童史料。我家却并无儿童，唯有两只孪生小猫相伴——悠悠、墨墨，呆呆萌萌。今冬成都一如"常态"，雾霾弥天，四顾无路。无可奈何中，正好以幽默处之。独善其身，兼劝天下。收拾心境，静候花开。

**2016 年 12 月 21 日**
**写于成都双流长江路一段流溪丽园家中**

# 目录

## 第一辑　我们需要什么样的传统

## 第二辑 "智性社会"何以可能

## 第三辑　大学之道的人文省思

第一辑 我们需要什么样的传统

# 逐人牛后，何若反躬以求

中国文章有"语录"一体（此说实有语病，因"语录"是口说的记录，并非专门的创作，这里不过姑且一说而已）。好的语录，着墨不多，点到即止，而精深透辟；读者若细心体会，受用无穷。叶龙教授整理出来的钱穆《讲学札记》，即属此类。若我们把中国学问视作一座千峰万壑的大山，胜境迭出，而云深路险，则这本薄书就好比关键处竖立的一块路标，提供游人急需的指示。

此书是叶教授早年就读香港新亚书院时所做的课堂笔记，内容广泛，涉及思想、历史、文学，涵盖过去人所云义理、考据、辞章，用今天时髦的话说就是跨学科。钱穆先生通而治之，并不偏废。因他认为，中国学术传统的精神在"通"，不以专家自限。然他对各种学科也并非平均用力，而是以义理为主，考据、辞章皆围绕义理展开。书的开篇即提醒读者：讲义理不能离开考据——但接下来又说：要明白"学而时习之"的"学"字，须"读通全本《论语》才能找到答案"；要了解"道可道，非常道；名可名，非常名"，也应"读通《老子》五千言才能明白"，而这都是单纯的考据无能为力者。这令我们想起今日有人热衷用统计关键词的办法来治思想史，虽非毫无所见，到底也只能聊备一格，终非康庄大道。同样，不明辞章，也不能通达义理。钱穆注意到，"清人重考据，故能注释古书，惟注不好《庄子》"，盖因《庄子》"含有高度文学技巧"之故。这些都是见道之言。

在义理方面，钱穆也反对暖暖姝姝拘守一先生之言：在儒学内部，他不满于各种门户之争，反对道统一脉单传之说；在儒学之外，他对诸家的精彩处也能击节称赏。事实上，儒学虽是钱氏学问的主干，但他最关注的乃是中国文化的全部传统。我们或可从一个看似无关的话题中看出这种关怀之深细。钱穆曾花很大力气研究中国上古农业，提出中国最早的农作物是黍与稷，而非稻与麦。黍、稷都是耐旱的高地作物，主要在山上耕作，并不依靠水利工程。这初看只是非常冷僻专业的话题，实际却有深意存焉。我想，其针对的应是国际汉学界曾风靡一时的魏特夫学说。魏氏认为，中国上古时代因要修筑大型水利工程，必须组织管理众多人力，而导致"东方专制主义"的发生。但假如中国早期农业根本无须大型的水利设施，魏说岂非不攻自破？这是一个绝好的例子，表明钱先生是怎样把大关怀和小考据连成一体的。

这个例子也表明，要理解钱穆的学术，必须将其放在近代以来中国文化面临的基本危机中。他曾经说过，自己一生都在回答一个从幼年起就困扰他的问题：中国文化是否从一开始就走错了路？今后除了追随西人，亦步亦趋，是否还有自己的道路可走？他在上古农耕形态中也看到这个问题的答案：中国文化不是"西方人所谓在摇篮中孕育出来的文化，亦非如埃及、巴比伦一般在暖房中培育出来的花"，而是"在山地上经过日晒雨淋"的结果。它"并非花，而是松柏；即使是花，也是梅菊之类"。

正是在这一自信的基础上，钱先生揭出了汇通中西学术的理想。然他所谓汇通中西，绝非中西文化之搅拌，而有一立足点。钱先生说："吾人为学，如欲汇通中西，实无急切之法。其唯一之法，厥为先读通中国书，则读西方书，始能真了解，真汇通。"寥寥数字，字字珠玑，道破中国近百年文化困局症结之核心。文化必经累递传承而来，否则即无文化可讲。20世纪以来，国人欲通过迅速西化的方式与西人平起平坐，故只知一味趋循，不辨南北，结果都成邯郸学步，反失其故。时至今日，不但提不出自己的结论，抑亦提不出自己的问题，四千年历史，十三亿人民，对世界文化的贡献几等于零。这是因为我们学习人家不够，还是自己根柢不足？按钱先生的提示，答案似乎同时在这两者之中：自身积攒不厚，学人家也只能浅尝辄止。然则我们不妨先不急着去超英赶美，而是把自己家藏的几卷旧书读通再说。可是"读通"二字又谈何容易！故听听先行者的指点，脚力健者固可寻幽探奇，资质平平者也能少走弯路，不失为一种聪明做法。

# "文化复兴"，复兴何事

近些年，中国传统文化呈现出多方位复兴之势。在学术界，有"国学"研究的兴起。面向小众的文化，如昆曲、制茶、陶艺等，经过长期衰落，品味和品质都有回升。在大众中，也有一些热心人士，通过印刷品、影像资料、网站等渠道，传播各类"传统文化"：来源涵盖儒、释、道三教；内容杂多，尤以伦理训条为主；文本既有新编新著，也有不少过去就流行过的善书，如《太上感应篇》、《了凡四训》等。凡此皆与明清时期的"劝善运动"非常相近，或可称为"新劝善运动"。

应该说，这些现象代表了中国人对自身文化传统的一种新自觉，深值嘉许。如果我们放宽视线，平心对待历史，而不仅仅以最近三四百年的成效作为评估的尺度，便不能不承认，中国文化自有其不可替代的价值，过去那种全盘否定的态度实应反省。在今日全球皆被卷入"一体化"的时代，主动维持一个悠久和独特的文化传统，便是在维持人类的文化多样性，无论对己对人，都属必要。

不过，我们也应知道，"中国传统文化"的面貌并不单一，而是充满了各种异质元素。朱维铮先生在 20 世纪 80 年代就反复强调：中国并不存在一个"一贯的传统"。首先，不同时代留下的遗产并不一致，既经累积，又常常混杂；其次，即使在某一特定时代中，不同人群的行为和思考方式也自有特质。即以一个"善"字来说，其内涵固不乏一些超时空的准则，具体表现却不免流动迁移，不但不同社群各有一套道理，甚至同一个人在不同场合也取舍各异。因此，我们也不能不慎重思考：我们应该怎样"复兴传统"，要"复兴"的又是怎样的"传统"？

据我的观察，近年最受欢迎的一本传统读物似乎是《弟子规》。这本出现于清代早期的童蒙读物在不少人那里已成"中国传统文化"的代表作，诵读之声，凡有井水处，无不可闻。这本小册子里当然也有一些不错的道理，不光是孩童，即成人开卷，也可受益。实际上，也确有单位把它推荐给员工，当作"企业文化"的重头戏。据网上一位专门讲授《弟子规》的人士解释，"弟子"二字面相颇广："在家指孩子，在校指学生，在公司指员工，在单位指下级，在社会中指公民。"如是，《弟子规》实可作一部公民读本看。但我不明白，如果你我"公民"皆属"弟子"，吾等的"父兄"又是何人？

正如书名所示，《弟子规》不过就是一部"小学生守则"。内容明了直截：做什么、不做什么，此外不留下任何思考空间。这即使在传统蒙学读物中，也是简陋之作。更重要的是，其中所传授的伦理皆是单向的。作者既立意对"弟子"讲话，自然多言服从，而不思考"父兄"何为。故其展示的，不过是人生中一个非常有限的断片，对培护健全人格并无多大助益，与"公民"更是风马牛不相及。从思想史看，单向伦理观主要是儒学官方化的产物，并不代表中国传统文化的全体，更非菁华。朱熹讨论师生关系时曾说："彼之不可教，即我之不能教。可与能，彼此之辞也。"所谓"彼此之辞"，即不要求一方单独尽责，而以双方互相负责为条件；其中占有强势地位的一方，还应尽首要的责任。如"父慈子孝"：父先须"慈"，才谈得上"子孝"；若以权位压人，"孝"字又从何谈起？

其实，即使对小小孩童，"服从"也绝非唯一的伦理要求。若我们承认，一个理想的社会成员，应具有独立、负责的精神，肯用自己的头脑思索，富有同理心、想象力和道德勇气，则《弟子规》一类以培养服从习惯为目的的读物，实在不无被滥用的风险，而我担心的是，这恐怕也正是某些"企业家"器重此书的主因。然而，儒家传统里实有不少立意和地位都更高的文本，比如，《孟子·公孙丑上》："自反而不缩，虽褐宽博，吾不惴焉；自反而缩，虽千万人，吾往矣。"王阳明《传习录》："夫学贵得之心，求之于心而非也，虽其言之出于孔子，不敢以为是也。"道理当然微妙幽深，小孩子未必能当下把握，但"七年之病，求三年之艾。苟为不畜，终身不得"；具体教法自可迁就随宜，却不可因道理难明便全不讲究。

更重要的是，无论我们高兴与否，今日中国社会面貌早已与传统社会相距甚远。新社会要求一套新伦理，它自可从传统中引申而来，却必须直面现实，经过一套创造性的取舍转化，才可将相对定型的"传统文化"变为具有活泼生命力的"文化传统"，我们这个民族才当得上"旧邦新命"四个字；否则，不过是为社会平添一份混乱，带给我们更多痛苦和自卑。这样的"传统"，不"复兴"也罢。

# 又到"制礼作乐"时

梁漱溟曾说："文化不过是一个民族生活的种种方面。"如是，则其必应与生活的实际相调和，把现有的生活拔升到一个更光明优美的境界，而不是忽略实际，空凭臆想，自作主张。今天中国人的生活早已不是百年前的模样了。我们从一个以农村和耕读为基调的社会，转变成了一个以城市和工商为核心的社会。它驱迫各类资源迅速向大都市集中，也使得社会组织形态和人际关系发生了根本改变：大量人口离开祖辈世居的小社区，身不由己地卷入大规模的社会流动。与面对面的传统社区不同，新的人际关系常是不稳固的、临时性的，有时甚至还是抽象的（如我们要时时面对的"国家"、"民族"）。一般情形下，大家不再彼此深度卷入对方的私生活，人际界线日益分明。

最近20年，这种情况更加明显。随着社会转型加剧，我们过去许多习以为常的生活方式、价值观念遇到激烈挑战，令人无所依从。这种转变又不是同步的，不同人群和地区之间存在着时间差。不少中小城市和农村仍流行的习俗，在都市白领看来，已完全不能接受。但这些白领相当一部分就来自这些小地方，他们的父母、亲友正带着他们无法忍受的习惯和观念在生活。平时双方接触甚少，多表现出亲密一面；一旦生活交融，也就冲突不断。今年寒假看到一些微信，发现不少人对春节返乡抱着忧喜交加的心情，甚至以担忧为主。其中一条是这样的："接下来一个月你将会听到这些话：什么时候毕业呀？要不要考研究所呀？工作有没有找到呀？有没有对象呀？什么时候结婚呀？什么时候生小孩？"转发这条微信的朋友加了一句评论："又到一年仓皇时。"网上还有消息说，一位在北京工作的男生在返乡火车上，因为知道父母秘密为其安排了相亲而气昏过去。不知此事是否属实，但此类消息广泛传播，确可看出社会心态之一端。

回家二字，在中国一向寄托着最深情的人生理想。我相信这些年轻人不是无情，不愿与亲朋团聚；但他们显然在亲情之外，也感到无尽的心理压力。面对这种境况，理想状态当然是大家彼此体贴，事实则往往难以做到。双方各有一套价值取向，本非短期就能达成一致；生活在都市的年轻人，短暂回乡，被亲友包围，沦为少数，中国更有不忘本的古训，要维护自己私生活的权利，可谓难乎其难。在这种情形下，探亲不过成为一种无奈的义务，正应了孔子那句话："人而不仁，如礼何？"

　　我当然不是偏袒这些年轻人，并非说他们可以不顾别人的友善而自行其是（即使这友善是他们难以忍受的）；也不是说小地方流行的生活规范全是陋俗（虽然陋俗不少），我的出发点是现实的：从目前情势看，未来相当一段时间，社会转型还将继续，传统社区进一步解体，饮食、居住、人际交流等基本生活方式会有更多改变。这当然就需要一种新的文化形态：它更尊重个人选择和私有领域，容忍多元价值，注重公共空间的道德规范，更具法治精神，能够提供更有深度和更加优雅的精神生活。用过去的话说，我们今天需要一套新"礼乐"。

　　在今天被宣传炒作的"传统文化"中，却有不少与此背道而驰。这里姑举一例。近年我在不少寺院和修佛人家中都见到一本善书，是一个叫作上官玉华的人神游"地狱"的见闻录。这类小册子过去很常见，内容也很相近，但此书"妙"在，作者宣布地狱新加了一层：是专为整容者准备的！整容当然不值得热情鼓励，但既未加害旁人，便不是为非作歹，何以如此惊动地下当局？向"善士"们请教，答案也很妙：身体发肤，受之父母，整容的人对自己容貌不满，即为不孝！逻辑虽然怪异，还真不能说于"传统"无据。此书在一些老人中似颇为流行，但这理由，大概多数年轻人就难以接受。此类"传统"除了使代际隔阂进一步拉大外，"善士"们以"地狱"对付价值观不同的人，也平添了一分暴戾之气：法海不是要把白蛇压在雷峰塔下吗？但他自己中了魔。威权政治有时正是一些"普通人"所造，尽管他们自己也常受威权力量的迫害。然而，自以为真理在握的人，是不会吸取法海的教训的。

我当然不是否定传统，相反，我深信中华文化是有生命力的，一定会带我们突破今日困局。但继承传统，也应有创造性的转换。中国历史上每一次成功的文化转型，都是因应新社会环境需要的结果。我仍相信，仁义礼智信具有普适性的永恒价值，能为今日多数浑浑噩噩的人灌注一种生命的意义，唯其在具体方面应如何表现，尚待探索。按过去的讲法，"制礼作乐"是圣人所为；而今日的"圣人"便是民众，"新礼乐"需要大家在日常生活互动中缓步形成，绝非一两个人的聪明才智所能强迫成就。但无论如何，一个文化若把全部希望寄托于"复古"，则其的确已经死去——好在这绝非事实。

# 生命的感兴

　　《诗》三百篇，是中国风雅传统的源头。历代的笺证解说，早已汇成一条著述的长河，而且一定还会有更多支脉不断汇入，使其气象更为壮阔。在这个浩瀚的传统中，扬之水的《诗经别裁》只是一条细流，却未被湮没，在13年中再版3次，可知受欢迎的程度。此书选录《诗》48首，疏通字句，加以申说，在充分参考前人成果的基础上（全书征引文献百余种），加以个人的裁断。体贴人情物理曲折入微，文字亦练达有致，足使两千多年前先民质朴厚实的喜悦与悲哀，都历历活在21世纪的读者目前。

　　历来解《诗》，多着眼于"美刺"，意在考察政治的明暗、风俗的厚薄。新文化运动以来，又特别看它做"人民"的声音，视为上古"民间文学"的集成。扬之水并不同意："后世所说的文学，以及官僚、文人、民间，这些概念那时候都还没有"，又怎么从里边看出来？从内容看，包括最"民间"的《国风》中的大部，"情感意志与精神境界，月且人物与观察生活的眼光"，都非"庶人与奴隶"所能有。那里确写到"劳动"和"劳动者"，然而这好比陶渊明的"种豆南山下"，谁也不能认作"劳动者"自己的歌。

这段话确乎有见。如果我们承认，历史研究的目的在于尽可能搞清事物的"本来样子"（这里说的是"为不为"，不是"能不能"），则首先便要将后人附会的重重认知层层剥落，将它们各自还原到其所在的"历史地层"中。这本是中国现代学术成立的重要基石之一。史学和文学从经学的强势笼罩下解脱而出，获得独立地位，便颇得力于此一观念。但不少学者在逃离"经学"的同时，又因用力过猛，掉入了对立的"价值陷阱"，在《诗》里寻找"人民的歌声"，便是其中一支。扬之水则说："《诗》原是生长在一个从物质到精神都为宗法贵族体制所笼罩的社会。"这对于我们更为"历史地"进入《诗经》世界，无疑是必要的提醒。

但《诗》是"史"也是"诗"。凡"诗"，自然要反映一时一地的情形，可也一定具有超出一时一地境界的潜能。作者处处着眼于《诗》里的日常生活和情感，这人生、人情自然是彼时彼处的，离不了特定的时空限制，可也因"人性"本身，转换为读者当下的此情此景。许倬云先生曾说："人和人之间若只从物理性的空间着眼，各人占有一个空间，任何两个人都无法有空间的重叠，更不论空间的全同了。但若从情意的空间看，则人人有与旁人共有的空间。"扬之水说《诗》，便是从"物理"时空走向

"情意"时空——然这"情意"又出自具体的"物理"时空，故是实在的。

然而，建立在特定"时空"中的情意怎么可能又是"超时空"的？

这就要说到此书的另一贡献了。历来解《诗》者，皆知《诗》有风、雅、颂、赋、比、兴"六义"。可什么是"兴"？历代学者聚讼不休，而结果是，很多人承认，"兴"不可以"理"喻。钱锺书说，兴是"触物起情"，"功同跳板"。顾随更说："兴，凑韵而已，没讲儿。"两人都引儿歌做解："一二一，一二一，香蕉苹果大鸭梨，我吃苹果你吃梨。""一二一"实与苹果、鸭梨无关，不过是"发端之辞"而已。这种解释是很清楚了。扬之水基本赞同，但从书中看，其意又不仅于此：

> 两间莫非生意，万物莫不适性，这是自然予人的最朴素也是最直接的感悟，因此它很可以成为看待人间事物的一个标准：或万物如此，人事亦然，于是喜悦；……或万物如此，人事不然，于是悲怨。……总之，兴之特殊，即在于它于诗人是如此直接，而于他人则往往其意微渺，但我们若解得诗人原是把天地四时的瞬息变幻，自然万物的死生消长，都看作生命的见证，人事的比照，那么兴的意义便很明白。它虽然质朴，但其中又何尝没有体认生命的深刻。

　　将"兴"看作对天地万物生命的感悟，则虽"微缈"而不虚无。人各不同，同一人所处时地不同，对自然万物的感应也便有异，但这不妨碍另一个生命在全然不同的环境下发生同样的感应。是"兴"不可"理"喻，而可以"情"通。扬之水不是在纯技术的层面看"兴"，而是透过一层，把一个"没讲儿"的东西讲出了新意，而且讲得高明，超出了"兴"本身。

　　但这有根据吗？是不是又"玄"了？我意不然。孔子说："天何言哉？四时行焉，万物生焉。"孔子或别有意，但"天人之际"却是中国文化传统里最鲜明的一个话题，并因此使中国人的生命多彩多姿，顾盼有情。扬之水解"兴"，正是抓到了这个核心。

　　言及此，想到另一问题：孔子言，"《诗》可以兴，可以观，可以群，可以怨"。此处的"兴"，和"六义"的"兴"有何关系？如果六义之"兴"只是"凑韵"，那当然不相干；若六义的"兴"直通生命的感发，则此处的"兴"便有了着落，连带着后边的"观"、"群"、"怨"也都有了新意。

　　这又不能不使人想到，中国本是一个"诗的民族"，可是，近 20 年来，在民众的生活中，"诗"之一字，已久矣不闻了。那么，人民何以兴、观、群、怨？一个已经不再感"兴"的民族，生命里还会有尊严吗？

# 诗可以怨

孔子劝弟子学诗，说："诗可以兴，可以观，可以群，可以怨。"(《论语·阳货篇》)朱熹云：兴是"感发志意"，观是"考见得失"，群是"和而不流"，怨是"怨而不怒"。"兴"和"观"都是直解字义，"群"和"怨"说的却是限度，大约朱子以为此二字一望即知，难的是如何不过分。更早的孔颖达讲得却直截：群，"群居相切磋"；怨，"怨刺上政"。然则诗何以怨？孔颖达说：凡"君政不善"，就有人作诗"风刺之"。无论对和不对，"言之者无罪，闻之者足以戒"。故诗之"怨"，不是一般的怨，主要是针对"上政"。曾被选入中学课本而为人所熟悉的《诗经》中的两篇——《硕鼠》和《伐檀》，诅咒那虐人自肥的"大老鼠"和不劳而获的大老爷，便是例证。朱自清先生曾考察《诗经》中明确提到作诗的例子，发现其用意大抵不出讽谏和颂美，而前者的数量要远多于后者，似乎也可以印证，孔子特别把"怨"字提出来，自有一番道理。

照汉儒的说法，《诗经》，尤其是《国风》部分，底本系从民间收集而来。《汉书·食货志》载：冬天农事既毕，田夫野老聚群而居，"男女有不得其所者，因相与歌咏，各言其伤"。开春之后，"行人"之官便会手振木铎，沿路采集这些歌谣，献于王庭，"以闻于天子。故曰：王者不窥户牖而知天下"。东汉经学家何休注《公羊传》提到"采诗"制度，也说："故王者不出户牖，尽知天下之苦。"强调王者从诗中所"知"是天下人之"苦"，正对应下民之"怨"。《汉书·艺文志》说："古有采诗之官，王者所以观风俗，知得失，自考正也。"也是一样意思，而顺便解释了"观"字："考见得失"，针对的仍是居高在上者。

来自民间的歌谣，古人叫作"风谣"，今日也还有"采风"一说。"风"在这里何所取义？《毛诗序》："上以风化下，下以风刺上，主文而谲谏，言之者无罪，闻之者足以戒，故曰风。"以"风"为"讽"。屈万里先生则认为，"国风"之"风"即"风土之风"，因从中"可以看到各地的风土人情"。那么"风土"二字又如何理解？我意，似可与《庄子·齐物论》"夫大块噫气，其名为风"一段合观。风从地出，地势不同，风声遂异，故有那段千古妙文：

　　而独不闻之寥寥乎？山林之畏佳，大木百围之窍穴，似鼻，似口，似耳，似枅，似圈，似臼，似

洼者，似污者。激者，謞者，叱者，吸者，叫者，
嚎者，宎者，咬者，前者唱于，而随者唱喁。泠风
则小和，飘风则大和，厉风济则众窍为虚。

用了种种奇奇怪怪不经见的字眼，前半写孔窍各
殊，后半写风声多变。有心人闻风声之变即知孔窍之
殊，此即所谓"风土"乎？风声如此，歌声亦然。明归有
光云："风一也，声随窍异"；言出"心窍"，当然不同，
然其道则一。诗中自有人心离合向背，或过或不及，要
在观风者怎么看。前引文献中屡屡警示"言者无罪，闻
者足戒"，最是要紧态度。

风的另一个特点是流动性，从一处吹到另一处，不
痛快淋漓绝不中止。《齐物论》说："是唯无作，作则万
窍怒号。"匹夫匹妇"不得其所"而生"气"，郁积既久就要
发之于言，"噎"那么一下子。如果恰好契合了旁人心
窍，自然"前者唱于，随者唱喁"，彼此相和，不胫而
走。"风谣"之所以成"风"，挡也挡不住——捕风捉影已
是不易，谁曾见哪个要把风关进笼子里而能成功的？

不过，风气既成，却也不是只能袖手旁观，单等它
自己停下来。过去的中国人相信世界由气合成，一气混
元，开阖聚散，万物因而生灭兴衰。唯其如此，乃有
"转运"一说。运如何转？钱穆先生一语道破："其机栝
在于以气召气。"所谓"同声相应，同气相求"，又云"和
气致祥，乖气致戾"；用今天的话说：人家做出什么反

应，要看你给人怎样的信号。这又要说到"风"上面来了。孔子答季康子问政，云："子为政，焉用杀？子欲善而民善矣。君子之德，风；小人之德，草。草，上之风，必偃。"身处高位者如风，身处下位者如草，风行草上，草必随风倒伏。此言乍听似乎很轻视人民的力量，也许还有"人治"意味，是另一回事，这里且不去说它；但孔子的大意很清楚：政治好坏，责任主要在上不在下。好比是一股远风袭来，万木随之振动，其音或拉杂奔涌，或希微杳冥，固然随众窍不同而异，却也得看刮来的是一股什么样的风。

# 创造一个"性善论"的文化环境

　　孟子讲性善，今人多不以为然。一个流传甚广的观点是，中国文化主"性善"，故行"人治"；西方文化主"性恶"，倾向制约权力，行"法治"。这真是口吐真言。姑不论"人治"、"法治"一类话头具体何谓，但"性善论"占据思想主流，已在宋元以后，而立论者心中的"人治"恐怕至少可以上溯秦汉。凿枘不合，却流传众口，成为不证自明的"公理"，固是不思之过，但国人反思传统的"诚恳"也就可见一斑。不过，今日反对性善论者，大多恐怕未必想得这般远，实际应更多来自日常生活的体会——若连馒头、牛奶的质量都不可信，性善论岂不太过奢华？

　　近年来，随着一些史实陆续披露，有些素被尊重的老人家当年曾做过的错事也昭布于世，很使人震惊。这使我想起刚上大学那会儿，在图书馆翻阅一本史学论著索引，发现众多素受敬仰的先生当年都曾响应号召，相互投掷过标枪匕首，确是"震惊"了一下，偶像纷纷倒地。后来研习历史既久，知道每个人都有其特殊的生活境遇和空间，有时不能"壁立千仞"，可能是自甘沦落，但也可能是身不由己，可耻，可恨，可悲，亦复可怜；后人任意低昂，有时也许不过在潜意识里满足自己的道德优越感，做不得数。明白了这一点，也便能渐行恕道。

法国史家马克·布洛赫曾引用过一句阿拉伯谚语："与其说一个人像他的父亲，不如说更酷肖他的时代。"从这个角度看，我们要理解任何一个具体的个人，无论其是否顺应了"时代潮流"，都必须从他所处的具体环境入手，方能得其仿佛。这当然不是提倡把一切过错都诿之于"时代"，号称自己同样是受害者，就可一了百了；无论如何，身处同样情形，不同人做了不同选择，便都须承受自己行为的后果，良知的考量避无可避，无人能够替代。不过，后人论事，则总须出以"了解之同情"，从人、世互动的角度着眼，不必先把谁"想坏了"。王阳明曾说，你把盗贼喊盗贼，"他还忸怩"。可知人总有羞恶之心，而那就是一点善根。所以关键的问题不在于判明谁是"坏人"，而是该好好想想，到底是什么原因，使其心中一点善根无法生长，反而走向反面。若说有些人乃是天性本恶，在把问题简单化的同时，只会使思想变得懒惰，根本于事无补。

其实，站在生理学、心理学的角度看，"人性"乃是有善有恶，或者也不妨说是无善无恶，这在日常经验中本可找到不少例证，孟子坚称"性善"，岂非罔顾事实？但我们看孟子自己的话"人之异于禽兽者几希"，则显然对人性的幽暗有清醒估计。不过，他对"人性"的界定实和今日生理学、心理学意义上所谓人性不同，别有深意，而后儒对此亦深有会心。近几年渐成名人的一位清末山西士人刘大鹏云：

> 天地生人，其性本善，而有言性恶者，何也？其或有所感而发欤？抑真见性恶者而言之欤？如以有感而发，其说尚有可原；若真谓之性恶，岂非害天下万世者乎！圣人教人，只言性善，犹恐人入于恶；若言性恶，何能使人转而向善也？凡人之情，趋于恶则易，趋于善则难。人苟以善自治，虽至恶之人，亦可移之从善。圣贤千言万语，非恐人之自暴自弃也耶！

刘大鹏对于孟子真意的把握是否恰当，别是一问题（我个人以为"虽不中，亦不远矣"），但从这段话可以看到，他自己相信"性本善"，确有一番"不得不如是之苦心孤诣"，在今天尤值细心领会。近年层出不穷的造假事件，固有制度建设不够健全的原因，国人中已有相当一部分人"自暴自弃"，也是不能不正视的问题。在这样的环境里，人人都揣了恶意对人，同时也防备别人揣了恶意对己，社会遂沦于恶性循环而不止。故身处这样一个事事不可信的时代，尤须有人千言万语道性善，为这个社会培养一点元气。

或有人说，光靠思想是无力的，关键还要靠制度建设。此言甚是。我当然不至于幼稚到相信只要"天天讲"就能转移世风，不过，我想提醒的是，我们不要把思想和制度看作对立的两截：一方面，所谓"制度"不只是由各种权力机关掌控的奖惩机制，实际上还包括那些更"空灵"的因素如思想、言论、风俗在内，故用"文化"二字更准确。另一方面，制度建设本身也还有个导向问题。今天一提制度，总有人习惯从防弊角度立意。这自然易于见效，但长远看，则流弊无穷。用刘大鹏的话说，天地万物，唯"感与应"二字而已，"以善感则善应之，以恶感则恶应之"。此是理学家的常谈，今人可以以为迂阔，至少是"不科学"。但我们抛开偏见，平心静气地想：如果各种规程的制定者一开始就倾向于把人想坏，当然会规条愈密，防备愈严；而这种气氛也只能养出险怪机诈之心，久之成为自然，更是防不胜防！既如此，我们何不换一方向，尽量创造一个更有利于人性中良善一面成长发育的文化环境，以使"性善论"真正成为我们生活的一部分呢？

# 以直报怨又何妨

先贤语录中，我极喜孟子所言："爱人不亲，反其仁；治人不治，反其智；礼人不答，反其敬。行有不得者，皆反求诸己。"与人交往，出了麻烦，首贵自省，不是一味归罪旁人。这当然很难，我自己就总也做不到，只可说向往而已。唯做得到几分是一回事，心存此念，多少总有些警醒作用，起码在与人冲突后，可以引发几丝愧意，不会对自己产生不切实际的过高品评。近几年，我更感此话有推广的必要。盖每日浏览新闻，种种奇谈怪事，匪夷所思，在在使人感到，今日国中戾气弥漫，宜以收敛制之，反求诸己即为对症之药。且有此感想者，似乎不止我一人。近年盛行的各种"心灵鸡汤"，虽然儒道释耶，流派不同，或承递传统，或采自新知，而皆要教人提升自我，以超越态度面对挫折。虽与孟子所言不尽相同，关怀并无二致。可知社会确有此需求，下一步或当转为实践，至少也化作努力目标，则涓滴海涵，日进寸功，世风改善，绝非空言。

不过，最近听闻的一个事例，使我意识到此说或被人误解，将招致意想不到的流弊。此事是一个学佛的朋友告诉我的：她开一家小店，先生是公务员，似乎还有些权力。年初某夜，先生替她守店，被几个小混混无端暴打一通。朋友告诉我，她见到丈夫的样子，既心痛，又欣慰：欣慰的是他居然能忍受过来，没有出手还击，颇出乎其意料。她先生我也熟悉，非常壮实，脾气刚健，绝非受气之人。所以我相信朋友的说法，他不是怯懦，而是克制。朋友从中看到他修养的进境，我也赞同。但也有不赞同的地方：以他的块头，抵挡一时，并非难事；最不济也可打电话报警，他竟这样忍了下来！对个人来说，这确实标志了心灵的提升；可是，几个小混混如此嚣张，却未受严惩，气焰岂不愈发高涨？对社会来说，这不是有益，而是有害。

我这位朋友的事迹，不好说是反求诸己，可能更多与佛家所言忍辱修行有关，但二者的共同取向皆是克己。按《论语·宪问》："子曰：古之学者为己，今之学者为人。"据孔安国注："为己"，即闻一善言，身体力行；"为人"，则但"空能为人言说"，自己并不做。可知孔子是站在"为己"一边的。用今天的话说，治学的目的是完善自我，不是向人炫耀。在此意义上，无论反求诸己，还是忍辱修行，皆是"为己"之学，伟大、深刻，直落根柢，而戛戛乎其难。不过若我们改从字面理解，则"为人"之学也不可少：人性虽善，习气难除，并非人人皆能反躬自省，对暴徒还是该狠狠回击一下子。他得着些教训，便不再敢为所欲为。这不光是为自己，也是为旁人：一个健康社会的到来，不能只靠大家一点一滴的培育私德（这当然不可少），也需要一种公共参与精神，需要一点怒气。

其实，反求诸己与反抗强暴并无冲突。孟子自己就曾为"革命"辩护："君之视臣如草芥，则臣视君如寇仇。"铮铮作响，被傅斯年看作中国"自由主义唯心论的祖师"。《论语·宪问》又有一段，也很有启发。有人问孔子，"以德报怨"怎么样？孔子的回答是：若以德报怨，又拿什么报答恩德？正确的做法是："以直报怨，以德报德。"钱穆先生解此句，最得意旨："以德报怨，若为忠厚，然教人以诈，又导人于忍，否则将使人流于浮薄。"恩怨分别处之，乃是人之常情；若一视同仁，或将流于上述"诈"、"忍"、"浮薄"三弊，其实不仁之至。以直报怨，则"我虽于彼有私怨，我以公平之直道报之，不因怨而加刻，亦不因怨而反有所加厚，是即直"。君子也是人，儒家允许君子有私怨，且允许报怨；重要的是能否遵循"直道"。

从现实角度讲，相对于一味克己的要求，以直报怨似乎更贴近"芸芸众生"，更具说服力，更加可行。对个人来说，"为己"之学自然重要（它指示了人生的一个理想境地），但我们既生活在社会中，总该负担起一点"为人"的责任才是。二者并不对立，而是代表了生命中两个不同面向。两个面向合起来，我们方能获得真正的尊严。对一般人来说，有恒产才有恒心，所谓"恒产"也包括健康的社会环境。设若我们每日面对嫉恨、仇杀和暴虐而能不理不顾，还可追求内在的升华，我只有再引一句孔子的话："吾谁欺，欺天乎!"(《论语·子罕》)

# "名分"不是恩德

　　1957 年，杨联陞先生在一篇文章中讨论到中国文化里"报"的观念。杨先生认为，这个观念是构成中国社会关系的重要基础，代表了对人和人之间行为"交互性"的肯定。文章篇幅不长，却覆盖了此一观念中一些最重要的面相，及其对中国社会的制度性影响。我这里特别关注杨先生提到的"道德分殊主义"：就性质而言，"报"的原则应适用于所有关系，故而是"普遍主义"的；但实际则主要是在已经建立"个别关系"的两个主体之间发生，因而导致"原来意图应用于普遍态度上的制度变得分殊化"。比如，"即使为办理公务，如果能恰好使某一个人得到利益，这个人也得以一份受恩惠的感激之情对待那个造成如此结果的人"。

　　"报"的观念为何会走向分殊主义？杨先生认为，这和秦以后的政治社会结构有关：在帝制系统和家族系统内，"分殊主义都成为最重要的原则，交互报偿的原则受到修改"，"名分"被置于"实际"之上——"君主或父母仅凭其地位即有特权接受其臣民或子女的尊敬与服侍"，而"子女或臣民永远是该责备的，不论父母或君主如何对待他们"。这和早期儒家的态度不同。孔子提倡"以直报怨"，孟子则赞同"用反对、背弃，甚至叛变的手段"来对待暴君，同时"也允许子女在他父母犯了大错时，可以出言反对其父母，理由是如果子女对父母的残暴毫无反应，会更增二者的距离与疏远"。

这似乎给人一个印象：在分殊主义下，还报关系是单向的。这岂非和"报"的"交互性"相矛盾？最近听到刘永华教授的一个报告，对此有了新的理解。永华兄认为，中国皇权制度的一个重要支撑点是"恩"的观念。君主被视为民生和社会秩序的提供者和保护者，臣民据此有报答君恩的义务。这样说来，施与报仍是一种交互因果关系。这很好地解释了"报"何以从原则上的普遍主义变为实践上的分殊主义，不过，就政治领域而言，"恩"仍非根基性观念，盖君主对臣民的恩泽之所以成立，亦在很大程度上依赖于某种"产权"意识：天下归谁所有？人们常提到的"溥天之下，莫非王土；率土之滨，莫非王臣"出自《诗经·北山》，意味着人一旦生在这块土地上就有了报答君上的义务：食毛践土，感恩戴德，难免"天王圣明，臣罪当诛"。

政权如同一份产业，"打天下"就要"坐江山"，正是君主们自以为有恩于下民的心理前提。然而，改朝换代本身也提示了问题的另一面：至迟从西周开始，"天命靡常，惟德是辅"就成为主导性的政治原则，"天下"遂不固着于一家一姓，其归属要靠执政者实际的治理表现决定。由此更产生"天下者天下人之天下"一类"公有"意识，乃至一种"无政府主义"式的观念，葛敬言的"无君论"、陶渊明的"桃花源"，都没有也不需要君主。相传为古歌的《击壤歌》说此理由，最为清澈："日出而作，日入而息。凿井而饮，耕田而食。帝力于我何有哉!"当然，人永远无法摆脱社会而孤立存在，统治者也是社会的一个组成部分。不过，这些理想也同时指示出"天道"的普遍性。实际上，在中国的传统文化观念中，以朝廷为代表的"国"亦非人们的最高效忠对象，那之上还有一个"天下"在，是后者而非前者提供了价值的终极来源。故食毛践土并不天然构成君臣施报的基础，凿井耕田，一食一饮，凭借一己劳力，并非君主的恩赐。

"天"对王权的制约，一面通过"国"之上的"天下"表现出来，另一面通过"国"之下的"家"表现出来。西晋经学家杜预提出："君臣有义，而与父子家人以恩合不同。""恩"适于"家"中，君臣间的伦理则是后天的"义"。朱熹也说："父子兄弟夫妇，皆是天理自然"，而"君臣虽亦是天理，然是义合"。更有人明确把君臣关系从"天"的范畴内抽出，强调父母、兄弟乃"生而有之"，故是"天伦"，君臣则是"人伦"。其意义正如作为东汉官方经学教科书的《白虎通》所云："君臣以义合，不可则去。"天伦无可逃避，人伦可以选择。因此，即使是具有明确等级性质的君臣关系仍具有一定的协商色彩，有赖于双方互动和选择，不只是单方的效忠。

这意味着，作为一个交互性的实践概念，"报"的普遍主义性质始终未曾完全消失，"名分"也绝不必然带来恩德。今日已是人民当家做主的时代，我们要光大自己的文化传统，就该多多思考如何维持一种更加公平、使人更有尊严的施报关系。

# 一根艾草的心事

1939 年 1 月，钱穆先生在昆明发表了《病与艾》一文。文中引《孟子》的话："七年之病，求三年之艾。苟为不畜，终身不得。"一个人病了七年，却须用藏蓄了三年的艾草来治。病人"以前没有预藏此艾，现在开始藏蓄，虽知有十分可靠的希望，但是遥遥的三年，亦足使他惶惑疑惧，或许竟在此三年中死去"。钱先生于是"设想那病人心理的变化"：蓄与不蓄？急乎不急？大多数人恐怕不会选择"从今藏起，留待三年再用"，"然而孟子却坚决地说，苟为不畜，终身不得。他的意思，似乎劝人不管三年内死活，且藏再说。我不由得不佩服孟子的坚决"。

这话是切合抗日战争的形势而发。写到此，意思醒豁，看起来可以结束了，钱先生却转头另起一段：

　　但是我现在想到这几句话的兴味，却不在那病人一边。我忽想假使那艾草亦有理智，亦有感情，它一定亦有一番难排布。我如此设想，倘使艾亦有知，坐看那人病已七年，后事难保，倘使艾亦有情，对此病人不甘旁观。从理智上论，他应按捺下心耐过三年，那时他对此病人便有力救疗。但是万一此病人在三年内死了，岂不遗憾终天。从情感上论，那艾自愿立刻献身，去供病人之用。但理智上明明告诉它，不到三年之久，它是全无效力的。我想那病人的时刻变化，那艾的心理亦该时刻难安吧。

转过几行，又说：

这是一件怪动人情感的事。我不知别人是否如此想。病是十分危笃了，百草千方胡乱投，那艾却闲闲在一旁，要在此焦急中耐过此三年。艾乎艾乎！我想艾而有知，艾而有情，确是一件够紧张亦够沉闷的事。

这段话看起来完全是"乱写"，似乎丝毫未经剪裁。一则曰"假使那艾草亦有理智，亦有感情，它一定亦有一番难排布"；再则曰"倘使艾亦有知，……倘使艾亦有情"；末了来一句："艾乎艾乎！我想艾而有知，艾而有情，确是一件够紧张亦够沉闷的事。"落到有些有文字"洁癖"的人手中，或者要批上一句"太啰唆"，打个不及格。

但这段话精妙绝伦，"啰唆"的地方正看出这有情有知的艾在理智与感情之间踌躇不安的心态。文章纯用说话口吻，用"这"用"那"，有宋明语录风格，仿佛那艾就在我们近旁，不由人不与之一起踟蹰焦虑。想一想文章发表的时代，艾的踟蹰便是作者的踟蹰，无怪他一说再说，说到尽处，唯有浩叹。但最妙的根本还是作者能够想到艾草亦有情有知，有此一段妙文，则非"痴人"不办也。

然而这也不奇怪。钱先生学问根柢本在理学。就论学风格言，理学在传统学问中大概最算得上心思细腻的一种，富有同情，体贴及于草木。二程兄弟曾经回忆，周敦颐窗前草满而不除，"问之，云：'与自家意思一般'"。此言不但使二程印象甚深，之后也是历代理学家们不断提起的话头。而另外一位理学宗师张载又说："民，吾同胞；物，吾与也。"万物与我同体，一举一动，休戚相关，联想到一根草亦有其一番心事，对理学家来说，不过是自然而然，情理之必至。

其实，"科学"地看，草木何尝有心（但是否可以定然说草木无心）？草木之心仍是人心。倘此世界无人，万物自生自灭，无知无情，甘为刍狗，这艾又何必多此一段思量？这里的一个"人"字，正是钱先生论学的关键。他曾说："历史记载人事。人不同，斯事不同。人为主，事为副，未有不得其人而能得于其事者。……中国史学重人不重事，可贵乃在此。"史学如此，文辞亦然。钱先生以史家名，专论文学的篇章不多，但独具只眼，而篇篇着落在一个"人"字上。他尝举王维诗："雨中山果落，灯下草虫鸣"，云：

> 这一联中重要字面在落字和鸣字。在这两字中透露出天地自然界的生命气息来。大概是秋天吧，所以山中果子都熟了。给雨一打，禁不起在那里朴朴地掉下。草虫在秋天正是得时，都在那里叫。这声音和景物都跑进这屋里人的视听感觉中。那坐在屋里的这个人，他这时顿然感到此生命，而同时又感到此凄凉。生命表现在山果草虫身上，凄凉则是在夜静的雨声中。我们请问当时作这诗的人，他碰到那种境界，他心上感觉到什么呢？

直指人心。在我读过的诗词鉴赏一类文字中，关切入微，似属第一。我猜王维地下，也当引为知音。因为有"人"在，故而果落虫鸣，不是自生自灭，于凄凉中自有生意。

文章接下说："我们看到这两句诗，我们总要问，这在作者心上究竟感觉了些什么呢？我们也会因于读了这两句诗，在自己心上，也感觉出了在这两句诗中所含的意义。这是一种设身处地之体悟，亦即所谓欣赏。"这是金针度人之论。有此一段体贴，谈史、论文、平议当代，自不流入虚空，也不陷于迂腐，是治学入门的关键。读过这段话，我们再来看钱先生在《国史大纲》一开始所说的那句名言："所谓对其本国以往历史略有所知者，尤必附随一种对其本国以往历史之温情与敬意。"或者可以有更多的、超过字面意义之外的感悟。

# 庄子能为自由观念做什么贡献

  中国文化里是否存在"自由"传统？言人人殊。美国汉学家狄百瑞曾以宋明理学为例，对此做了肯定答复。这和晚年的傅斯年对孟子的推重一样，都是从儒家思想中寻找线索。不过，在中国，提到"自由"二字，恐怕更多人想到的是道家，尤其是庄子。庄子当然没有说过这个词，但他体现出的那种弃绝俗世、"独与天地精神相往来"的气质，却相当形象地诠释了大多数中国人对"自由"的理解。

  但也有很多人不同意这个观点。他们的理由是：现代自由主义中的"自由"首先是政治性的，它建立在一种特定的权利观念之上，只能通过对公共事务的积极参与体现出来。然而，庄子的"自由"则是个人的、内心的、美学意味的，他对俗世生活和价值的弃绝，不但不会使他更加自由，反而使之与"自由"离得更远。

  最近读到王博先生的《庄子哲学》，觉得似为这个批评增添了新证据。王书对历来被认为最能反映庄子本人思想的《庄子》内七篇做了逐篇解读，但它的次序很怪：不是从位居《庄子》篇首的《逍遥游》讲起，而是从《人间世》讲起——事实上，作者根本认为《人间世》才是《庄子》的核心。这个安排和作者对庄子思想的解读有关：他力图从庄子的实际生存环境中去理解庄子的思想。

庄子生活的战国晚期，"天下无道，祸重于地"。一个人在这样的时代应如何自处？是像孟子一样，汲汲惶惶，席不暇暖，欲图找到一位能够施行"仁政"的君主；还是如大多数士人一般，奔走列国，只为一己功名？庄子当然不屑于作后者，但也不愿学前者——他审时度势，以为"知其不可而为之"的理想主义只能招致杀身之祸：一身不保，如何救天下？他承认自己能力有限，对这个无道的世界无可奈何，只能想想怎样苟全性命。他不得不与世俗妥协，但又不甘心一味屈从俗世绳墨。为此，他把身心分作两块：身在人间世，心做逍遥游。

在庄子恬淡潇洒的表情后，埋藏着深刻的痛苦和悲伤；但面对失道的世界，他并不选择对抗，因为他对改变现状并无信心。如果自由主义就是一种政治抗议传统的话，那庄子显然不是自由主义者。

其实，从史学立场看，作为一种价值体系和行为取向的自由主义本系近代舶来品，岂但庄子，就连程、朱、陆、王，也都算不上什么自由主义者。不过，若换一个问题：从建设中国现代自由观念的角度看，庄子能否提供思想资源？答案便可能是肯定的。

这至少有两方面的意义。首先，仅有内在自由当然是不够的：对大多数人来说，它过于玄妙；离开制度保障，其维持成本也太高。然而我们也应知道，个人的内在自由是公共自由的前提。缺乏独立意志，政治自由的观念既无从发生，为谋求自由而投身行动更不可想象。庄子固然消极，但他也提供了面对强大外力压迫而积极维护内在独立的可能——正是这种独立使他天然地逃离了俗世功利的诱惑，亦不会被现实的痛苦和失望压倒，而得以翱翔于俗世的泥淖之上。

其次，庄子也为我们提供了一个多元视角。对个人独立性的珍视，使他懂得从不同主体角度思考问题，竭力打破唯一真理的虚妄。王博先生用《庄子·应帝王》篇中倏、忽凿混沌的故事来讲这个道理，最为简要：混沌没有七窍，与众不同，"何以立足于人间世?"倏、忽大动怜悯心，希望混沌如常人一般，实是出于慈悲一念。这正好比儒家，"己欲立而立人，己欲达而达人"，热情无私。可是，推己及人是否也是"以自己的标准来塑造他者"? 这种热情不是"粗暴的"吗? 为我们热情所灼烧的对象会不会像混沌一样"失去自我"? 这些问题，儒家很少考虑，却是一个自由社会成立的根据之一。

自近代西学东渐以来，中国读书人对传统文化即抱有两种态度。一是在传统中寻找与西方共同的价值，有时不免附会；二是强调中西差异，尤其热衷指摘各种附会中西的言论的错误，如"儒家是民本思想，不是民主思想"等。这两种态度，后者当然更加高明。不过，我这里想用庄子的事例说明，二者其实也各有其通与不通。把庄子附会为"自由主义者"，自然犯下了混淆时空的错误，但我们也不必否认，二者之间也确实存在某些近似点，而这可能正是对传统加以创造性转化的入手处。如是，我们才能在发现中国文化殊异性的同时，维持其不可磨灭的普遍价值，并以自己的独特方式加入世界潮流中，成为人类文明的一分子。

# 虽小道亦可观

黄宗江先生在抗日战争时写过一篇小文章："友人皮黄老伶工某，一日收徒，微笑对我说：'这是为祖师爷传道。'着一'道'字，好不动人，好不庄严伟大。"再一段就讲这个"道"："不论在何种文字里看见'道'字，给我单纯的第一感是条浩浩荡荡的大路，路是长的，展至地平线，路上走着人。"虽然"必有人说：戏子也来说'道'，姑算是'道'，终竟'小道'耳"，但太史公就说："天道恢恢，岂不大哉！谈言微中，亦可以解纷。"故黄宗江也骄傲地称："吾业神圣。"文章结尾处说：

> 无论如何，一个人对自己职业或事业的虔诚是值得敬许的。心中默念那老者之言——
> "这是为祖师爷传道。"
> 真是庄严伟大！

把"庄严伟大"挂在嘴边，是彼时小年轻口气，今天即便高中生也会显出淡漠神态，因今人多不信世上有"庄严伟大"存在也。

"道"在中国是个标准的"大词"。凡事一经提入"道"的境界，就很可使人闭嘴。不过，古人也认为道可大可小。《论语》里记有子夏的话："虽小道，必有可观者焉，致远恐泥，是以君子不为也。"然而这是对士君子而言，子夏到底承认小道有可取处，对农、工、医、卜的长处也能欣赏。故下文又说："子夏曰：'百工居肆以成其事，君子学以致其道。'"把君子学道和百工居肆并提，虽有高下，途径则一。《庄子》庖丁的故事大有名，讲的是解牛亦可见道。庖丁自述其心得说："臣所好者道也，进乎技矣。"接下来讲了一通"依乎天理"、"因其固然"的话，听来神乎其神，细看不出常理："彼节者有间，而刀刃者无厚。以无厚入有间，恢恢乎其于游刃必有余地矣。"且庖丁技艺虽神，每欲解牛，仍是"怵然为戒"，不敢掉以轻心。

庄子认为道"无乎不在"，从蝼蚁到稊稗，甚至"屎溺"，故不刻意区分道的大小。杀牛比百工之事还小，而庄子似许其所得为大道。庖丁解牛，一是深入了解所做之事的"理"和"固然"，二是时刻小心审慎。可知技虽可进于道，也不是任何杀猪宰羊的都能上路，庄子说须"以神遇而不以目视"，要求太高。但一般人至少可以专注一事，由用心到用神，渐入佳境。黄宗江笔下那条"浩浩荡荡的大路"，只要愿意，人人可走。《中庸》说：

"君子之道费而隐。夫妇之愚，可以与知焉，及其至也，虽圣人亦有所不知焉；夫妇之不肖，可以能行焉，及其至也，虽圣人亦有所不能焉。""圣人"和"愚夫愚妇"的进境或有差异，走的都是这条道。我辈凡人，正不必妄自菲薄，看自己太过轻贱。

类似的意思西人也有。法国史家马克·布洛赫称其名著《历史学家的技艺》"只不过是一位喜欢推敲自己日常工作的手艺人的工作手册，是一位技工的笔记本，他长年摆弄直尺和水准仪，但绝不至于把自己想象成数学家"。美国学者娜塔莉·戴维斯也说，历史学家"得成为精妙的手艺人"。这不仅是谦虚。比起机器大生产，学术研究确实更近手工艺。学者面对他的材料，好比工匠面对一块巨石，要听它讲话，就要跟它交流，用自己多年的工作经验，帮助它成为它想成的那个样子。这里既有冷静的理性，也有克制的温情，且须经年累月，没点对自己行当的热爱和神圣感不行。我说是"有点"，不要太多，多了，随时像在演戏；也不能没有，否则日子没有光泽——要那种与日常有点距离而又不太远的神圣感，则进可精益求精，退可有为有守，是内在充裕的状态。

今天中国人对技术很看重，甚至崇拜，但又把"技"和"道"打成两橛，寻常做事与君子教养分途而进，不但普通人把职业当作饭碗，过去看成"士君子"者对自己事业也无敬重，彼此相蒙，得过且过，不论是工业产品还是学术成绩，皆以价廉质劣著称。而另一方面，在混日子之外，我们也确实想过上有尊严的生活，于是常造出各种以"大"和"多"取胜的"吉尼斯纪录"，想要得到人家的认可，他们不给，我们便不高兴。可是，真正的尊严本非外铄而来，剥夺我们尊严的只能是我们自己。与其忙着向世界证明"崛起"，不妨安安静静过好自己的日子，做好个人的分内事，则小道可观，进为大道，自然"充实而有光辉"，又何须强求于人。

# "藏"，不是躲躲藏藏

据《史记·孔子世家》，孔子晚年曾颇伤感地说："吾道不行矣，吾何以自见于后世哉？"遂因鲁国旧史作《春秋》。清人崔述对这段记录极不满，以为把孔子说成了一个"急于求名"的人，"殊失圣人之意"。日本人中井积德也说："冀自见于后世而著作焉，是司马迁以下伎俩，非孔子事，此文臆度失当。"崔述和中井眼里的孔子，是不是就比司马迁笔下的孔子更近真实，今日已无法评估。但"冀自见于后世"也是人之常情，似无损圣人英名。不过，司马迁是不是把自己和自己时代的经验投射到了孔子身上？倒还真是一个问题。

众所周知，司马迁和孔子一样，也是一个"失败"者。《史记》最末的《太史公自序》再次提到孔子修《春秋》，把它和文王被拘而演《周易》、屈原放逐而著《离骚》并举，云："此人皆意有所郁结，不得通其道也，故述往事，思来者。"又说《史记》既成，要"藏之名山，副在京师，俟后世圣人君子"。日本人泷川资言说，最末这句出自《春秋公羊传》，"言夫子制《春秋》以俟后圣君子"。显然，司马迁写《史记》，心中确有一个孔子在。

"藏之名山"一语也应注意。"名山"典出《穆天子传》，指帝王藏策之府，大致相当于今天的国家档案馆和图书馆。但亦不妨望文生义。唐人颜师古说："藏于山者，备亡失也。"似乎便是从字面理解的。早期不少道教经典，就号称出自山中；今天流行的武侠小说，也常见在山洞里找到武林秘籍的故事，可见这是中国文化中一个非常固定的情节类型。

可是，为何要把书"藏"起来？答案当然不是唯一的，但"述往思来"无疑是最醒目的一个。而要深刻理解这层意味，还是要回到孔子。从各种文献中看，孔子晚年似乎很有些沮丧，时常有"吾道穷矣"的牢骚，还说过要"移民"之类的话（"欲居于九夷"、"乘桴浮于海"）。他一生汲汲惶惶，奔走列国，席不暇暖，却处处碰壁，至多被当作社会贤达供养，人君敬而远之；发此慨叹，也很正常。但他到底是乐观的人，自称"学道不倦，诲人不厌，发愤忘食，乐以忘忧，不知老之将至"；又说"知其不可为而为之"。即使悲观，也不放弃希望。修《春秋》、传"六艺"，都是不放弃希望的表现。

人生际遇万千，难以悬断，命运之一物，若有若无，至少不能证明其必无。范缜曾言："人生如树花同发，随风而堕，自有拂帘幌坠于茵席之上，自有关篱墙落于粪溷之中。"由不得个人做主。一个伟大理想，并不因其伟大就能变为现实；回顾历史，相反情形倒比比皆是。但这并不意味着就此委顺现实。对孔子这样的人来说，行道本身就是目的，比成败更为重要。而按孟子所说，孔子修《春秋》，虽是"道不行"后不得已的举动，也可视为另一种行道的方式："《春秋》出而乱臣贼子惧。"我们当然可以批评孟子此言太夸张：《春秋》之后"乱臣贼子"依然不绝，对着一本书瑟瑟发抖的人似乎从来未有；然而，这世上是否来过一位孔子，传下一部《春秋》，人间面貌终究不同。

其实，既然命运无法捉摸，随时变换，则一时不济，总有来世可期。若恰好遇到无法行道的时节，至少应先把道守住。《论语》中有两句话，一是"危邦不入，乱邦不居"；二是"邦有道，危言危行；邦无道，危行言孙"。身处无道之世，行身须正直，言辞则不妨谦顺。钱穆先生说，这不是惧祸，"但召祸而无益，亦君子所不为"。《论语》又说："用之则行，舍之则藏。""藏"什么？钱先生说："藏此道在身。"君子远离危险，不仅要保守一己性命，也要守道；道存下来了，才可应时而行。

但肉体终有尽。如果只把守道的责任放在几个人身上，他们身后，道将何存？一个更好的办法是笔之于书。书的生命比人更长久，代表其作者长存此道，直待可为之时。孔子修《春秋》，司马迁写《史记》，都应作如是观。又如，黄宗羲那本明确标出一个"待"字的《明夷待访录》，在二百多年后终于等到知音。类似的例子不

胜枚举，都有助于我们理解那个看来老是畏畏缩缩的
"藏"字的意义。"藏"，不是躲躲藏藏。

　　值得一提的是，"藏"的观念似乎和中国早期"史"的
出现有关。《说文》中的"史"字是一人执"中"之象。清人
江永说："凡官府簿书谓之中。"近人金毓黻说："保藏之
档案谓之中，持中之人谓之史。一指书言，一指人言。"
书与人，正是存道的两途。而不论指书还是指人，"史"
都和文字有密切关系。《史记》说老子是周室的"守藏室
之史"，有"守"有"藏"，说得很清楚。早期的"史"就是
后来知识分子的一个源头，今天识文断字的人，也应担
得起述往思来的责任才对。

# 欧阳修怎样排佛

自韩愈以来，自居正统的儒者，无不以排斥佛、老为己任。但怎么个"排"法，也有不同。韩愈的名言是："不塞不流，不止不行。人其人，火其书，庐其居。明先王之道以导之，鳏寡孤独废疾者有养也，其亦庶乎其可也。"具体而言，有两方面。一是禁佛，严令僧人还俗，烧毁佛教经书，拆掉寺庙以供民居；二是兴儒，宣扬儒家思想，使人民各得所养。用今天的话说，前者是消极措施，后者是积极措施。惟思想竞争，关键还得落到实处，若不解决民生疾苦，空言也是无益。故韩愈这么一大套中，就以"鳏寡孤独废疾者有养"几个字最为实在。此外，在韩愈眼中，佛儒此消彼长，难以共存，禁佛还是兴儒的前提：佛教不塞止，儒家便不流行。韩文公对儒家信心如此不足，一旦挑明，岂不令人尴尬？

当然，唐代以来，佛教势力强盛，确是事实。北宋张方平有句话，常为学者引用："儒门淡泊，收拾不住，皆归释氏。"欧阳修也说："佛法为中国患千余岁，世之卓然不惑而有力者，莫不欲去之。已尝去矣，而复大集。攻之暂破而愈坚，扑之未灭而愈炽，遂至于无可奈何。"不过，他认为这不表明佛教"不可去"，而是排佛者的方法不对头。好比医生治病，应先搞清"其病之所自来"，对症立方，才有收获。"病之中人，乘乎气虚而入焉，则善医者不攻其疾，而务养其气，气实则病去，此自然之效也。"人体虚弱，即为疾患所乘，故良医应考虑如何使病人身体强壮，虽不"治"而病自去；若体质不改，则前病去而后病来，劳扰不休，总有废医兴叹的一天。欧阳修认为，佛教西来，便是乘了中国王政衰歇、礼义废绝的空子，这才是"受患"根本。故"补其阙，修其废，使王政明而礼义充，则虽有佛，无所施于吾民矣"。

欧阳修的论证，从今天看，当然也存在很多漏洞和不足。不过，若我们取法其意，这段话实在可圈可点。他的关注点有和韩愈相同的地方，就是都注意到改善民生的重要；他和韩愈不同处，则是他并不认排佛是兴儒的前提，相反，若真践行王道，佛教的吸引力自然下降。因此，消极措施不若积极措施，空谈思想竞争，不如切实推行善政。显然，欧阳修对儒家的信心实际比韩愈大得多，方案亦更高超，故罗大经说，此论一出，韩愈之说"几废"。

欧阳修的立论根植于儒家思想中一个古老主题。《孟子》说："爱人不亲，反其仁；治人不治，反其智；礼人不答，反其敬。行有不得者，皆反求诸己。其身正而天下归之。"与他人交往出了问题，不是忙着指责人家，而是先反省自己。一个人自身的正直才是其吸引力的源泉。此言还可继续追溯到孔子"为仁由己"的观念，都来自儒家把个人道德完善视为社会秩序基本动力的思路。欧阳修则将此思路扩大至不同思想体系的竞争中，和孔孟一脉相承，而心境廓达，尤觉后来居上。其实，无论是个人还是群体，真有信心者不会浪费精力，怨天尤人。毕竟，指责别人，自己并不就会强大。若自觉已掌握终极真理，更可彰显宽宏气量，令人如沐春风，自然近者悦服远者怀，从功利角度讲，也是最优方案。

照此思路，欧阳修的观点还可超越。了解中国历史的人都知道，宋代兴起的"新儒家"得益于佛教甚多：一是佛教的兴盛激发了儒家的竞争力，使其进入过去关注较少的宇宙论、心性论领域，提出一套自成系统的讲法；二是它有效吸收了佛道思想的精华，并加以创造性发挥，将其转换到人伦社会这一儒家最擅长的层面，既超出对手，又提升自身。相反，佛教反而丧失了理论独特性，此后声光黯淡，再无创造性的大思想出来。清代汉学家常好说，宋儒着力发挥的"理"、"性"等概念，在先秦著作中并不重要，或意思有差。诚然如此，但若从儒家思想发展的长时段看，宋儒的做法也恰是其贡献所在。明乎此，再看宋儒的排佛论，不由人发生另一种感想："异端"不但不必排，实际也不可排；当初若真把佛教拒于国门之外，理学思想本身就无法出现，遑论其他？

# 君子不站队

宋也许是"三代"以下最接近传统读书人理想的一个时代。皇帝"与士大夫共治天下",作为一个原则提出来,已是了不起,关键还不只是说说,而成为政治实践的一部分。这在余英时先生《朱熹的历史世界》里有细致的反映。不过,余先生的书中也揭示了这一时期士大夫政治生活中的另一个不尽理想的现象,那就是"党争"。"党"这个词在中国本不是什么好字眼,孔子就说:"君子矜而不争,群而不党。"虽然党争之实,汉唐皆有,朋党一名,却是斗争双方都避之唯恐不及的。

但这到了宋代,有了一个大变化。北宋欧阳修已经提出,有"君子之朋",有"小人之朋"。前者以"道"合,"终始如一",是"真朋";后者以"利"合,利尽则散,是"伪朋"。小人之朋,为非作歹;君子成朋,不患其大,唯恐其小。这是在事实上认可了朋党的存在,且把它从一个贬义词变成一个中性词了。到了南宋,朱熹更是明确提出,丞相当"以分别贤否忠邪为己任",不但不该防止君子为"党"，且当主动参与其"党"，甚而将君主也结引入"党"。

问题是"朋党"的自觉意识一旦树立，势必启动无休止的竞争，其结果是"君子"与"小人"的面目往往就变得模糊不清。一方面，谁都喜欢号称"君子"，而视对方为"小人"，这两个词成为粘来粘去的标签，几乎不再具有实质性的区分意义；另一方面，党争虽然有时起于见解歧异，形成后就变为以"人"分界，"谁是我们的朋友，谁是我们的敌人"，成了党争的"首要问题"。"小人"整起"君子"来固然心狠手辣，"君子"为了自保，或报复，也就"以其人之道还治其人之身"，言行举止于不知不觉中"小人化"了。

北宋最大一次党争发生在王安石为首的"新党"和司马光为首的"旧党"之间，双方此起彼伏，战过好几个回合。哲宗初年，"旧党"主政，新党蔡确触怒了高太后，被贬往岭南。时岭南僻远，一般被认为有去无回之所。故此议一出，旧党的范纯仁立刻反对，谓"此路荆棘已七八十年，吾辈开之，恐不自免"。结果不幸而言中。按通常的意见，旧党多"君子"，新党除了王安石等少数几位外，以"小人"居多。但因"正义的火气"太旺的缘故，像范纯仁这样能够保持清明理智的"君子"并不多，以致双方斗争越来越残酷。另一位具有反省能力的旧党中人程颐说："新法之改，亦是吾党争之有太过，成就今日之事，涂炭天下，亦须两分其罪可也。"这是何等沉痛！

随着党争成为一种习惯，则不但"君子"与"小人"争，"君子"与"君子"也不免起争。朱熹就曾抱怨陆九渊门下在讨论学术问题时，"厉色忿词，如对仇敌"，而张栻、周必大等人对朱门学者亦有类似的感觉。他们皆为"君子"，犹且如此，更何况面对"小人"！余先生在书中指出，某些理学家"自负已得千载不传之'道'，故对于不信其说的人往往盛气相向"，因而"制造了大批思想上的敌人"，进而又变为"政治上的敌人"。因而，他们"在权力世界之所以备经坎坷"，自己"也必须负相当大的责任"。此真值得警醒。

其实，即使面对"真小人"，倘其欲与"君子"修好，也是表露了向善的心愿，便该鼓励。虽然可能有诈，但先给其一个上进的机会，总不算吃亏。孟子就说，春秋五霸虽是假借仁义之名，但"久假而不归，恶知其非有也？"知及此处，便是"求仁得仁"。

"君子"为公，"小人"为私。"小人"不足道，"君子"尤当厚责于己，发言行事，不是为了"出一口鸟气"，而是希望切实改进社会问题。但社会问题不是徒唱高调就可解决的，胸怀理想的同时，必须面对现实，有时不得不有适度妥协，虽然乍看起来并"不过瘾"，却避免了多少"涂炭"。倘只顾发泄"正义的火气"，十九于事无补抑且有害。因此，"君子"和任何好听的某某"主义者"都不是一个空头衔，而是对自己的更高要求。有志于成为

"君子"的人，似乎不应把"君子"视作一个已经成形的队列，一旦加入，即可共享荣光。这队伍是没有的，有的只是合乎"君子"之道的言和行——比如说"矜而不争，群而不党"，如此而已。

# "龙场之悟"悟何事

　　略微了解一点中国思想史的人，对"龙场之悟"都不会陌生。明武宗正德元年(1506年)，王阳明因抗议宦官刘瑾专政，被廷杖四十，贬往贵州龙场驿为驿丞。他在龙场"日夜端居澄默"，于正德三年某夜，忽然"大悟格物致知之旨，寤寐中若有人语之者，不觉呼跃"，从此成立"王学"，开辟出儒学的一个新局面。这就是有名的"龙场之悟"。此事一向受到重视，但论者关注的焦点，大都集中在所谓"格物致知之旨"是什么、与"致良知"是什么关系等方面，辨析精微，基本是就思想论思想。前些年，余英时先生在《明代理学与政治文化发微》一文中重提此事，却跃出传统思路，在这个似已无余义可寻的课题上别开生面。

　　余先生首先重建了王阳明在顿悟之前的精神世界：经过廷杖这一奇耻大辱，又时刻笼罩在刘瑾威权阴影下，几有性命之危，阳明"到底在思考哪些具体的问题"？作为一位极具原创力的思想家，他的思考自然一定不出那些大本大源的课题；但本源性问题并不存于思想的真空之中，思想家的运思也不会无视自己的切身体会。根据余先生的看法，龙场之悟与阳明受廷杖的经历息息相关，正是这一经验启发了他对进退出处的新见解。此前，他深受宋儒影响，以"得君行道"为理想；此时，他已深知自己所处是一"小人道长"的社会，君子实应退以保身，唯又不忍"决然舍去"，故只能"委曲周旋，修败补隙"，尽力匡扶正道，"使不至于速乱"；如不能忍耐，反使小人"大肆其恶"，是"将以救弊而反速之乱矣"。

余先生并不只从阳明个人遭遇的微观场景中理解龙场之悟，同时还从更宏观的角度观照阳明思想，这就涉及宋明政治生态的差异。赵宋一朝对士大夫优礼有加，大臣即使得罪君上，也不过遭到流放或贬逐；而受惩处者，名望反可能因此更高。在这种空气下，宋儒意态昂扬，发展了鲜明的"政治主体"意识，欲与君主"共治天下"。明代则自太祖始就以摧折士夫为"家法"：廷杖制度通过折磨士人的肉体，以达到羞辱其人格的目的，便是朱元璋的发明。朱明王朝对儒学只有利用之意，并无敬畏之心，这特别可以从《孟子》一书遭到删节的待遇中见出。处于这种恶劣境况，阳明体会到"得君行道"之不可能，这使他更多地将儒学理想从"内圣外王"转移到"内圣"方面。

但仅有避让，绝不能造就阳明在儒学史上的高迈地位；他的重要性更体现在一种积极态度中，那就是从

"得君行道"转向"觉民行道"："他的眼光不再投向上面的皇帝与朝廷，而是转注于下面的社会与平民。"具体而言，阳明强调人人皆具内在"良知"，可以通过唤醒此良知的方式，"来达成'治天下'的目的"。作为这一思路的必然推论，王氏曾有"满街跑的都是圣人"一句名言——这在儒家传统中其实也非新见，孟子、荀子都有类似表达，然程度远不及王，更重要的，直接面向普通大众的大规模讲学活动，也是到了王学才正式展开。因此，余先生将龙场顿悟视作"儒家政治观念上一个划时代的转变"，毫不为过。

富有启发的是，根据余先生的研究，这场革命性的思想转变，却绝不来自单纯的思辨之功，而是王阳明与强权奋斗的结果：没有被当廷剥去衣服遭到痛打的耻辱与痛苦，他恐怕还不能从"得君行道"的梦中醒来。但是，这一转向的意义也绝不能仅仅放在王阳明自己的特殊际遇中理解。事实上，龙场之悟不但使阳明走出一己的精神困境，从整个儒学传统来看，更走出了一条康庄大道："得君"与否仿佛是买彩票，身家性命全部抵押，中与不中却全凭运气，一朝失败，满盘皆输；"觉民"便不同，那是点滴事业，其收功不在眼前，一时失败也不至于令人沮丧，它需要的毋宁是更具耐力的信心——孟子所谓"勿忘勿助"，最为扼要。

从研究者角度看，余先生此文，打通了抽象观念和具体政治生态、个人遭际的隔阂，真正体现了思想史研

究的典范。面对龙场之悟这个看似玄之又玄，又一直是
聚讼渊薮的课题，余先生只是几句轻言细语，却豁然洞
开一条新路，是天才也是功力。不过，"伐柯伐柯，其
则不远"，我感兴趣的是，余先生能与古人"处于同一种
境界"，是否也需从他自己所处的时代及其他对这个时
代的观察、困惑与思考中寻找答案？我们是不是可以
说，在王阳明和余英时之间，存在一条若隐若现的线
索？若果如此，那么，谁还能说人性只有殊异，难以
共通？

# 盛世华厦的裂纹

18 世纪下半叶是中国传统王朝时期最后一个被冠以"盛世"之名的时代。在乾隆皇帝这样一位雄才君主的治下，整个国家似乎都呈现出丰沛富足之相。但是，美国史家孔飞力却因一次偶然机缘，发现了这座华美大厦的一道裂纹。这道裂纹乍看起来不过是任何一个能工巧匠都难免的失手，而且迅速被弥合起来，一般人稍不留意，就可能视若无睹。孔飞力却没有轻轻放过，而是由此入手，一步步深入这座华厦内部那些不易为人察觉的隐秘结构，重新思考了快速增长的经济和日益严峻的人口压力对社会心态的影响，揭示出帝制时期常规权力和专制权力的长期互动如何构造出一种看似自相矛盾的"官僚君主制"，解释了独裁政治的运作奥秘。《叫魂：1768 年中国妖术大恐慌》一书就是这些探索的报告。

如同书题表明的那样，《叫魂》是一个切片式的研究。1768 年春天开始，浙江、江苏、山东、直隶、山西、湖广等省的人们纷纷传说，当地来了一批术士——

他们身份不一，以和尚、道士、乞丐或是工匠的面目出现，行事的方式则高度雷同：割取人的辫发，施以咒语，进而控制人的灵魂。这个流言先后把这些地区带入了一场社会恐慌。与此同时，很多地方也的确抓获了一批嫌犯。不过，审查结果表明，这些嫌犯几乎全是冤枉的。大部分地区的官府释放了他们，并试图通过惩罚肇事者的方式来平息民间的慌乱。但这些消息通过一些秘密渠道传入乾隆皇帝的耳朵，形势很快发生剧变。乾隆认定此事背后隐藏着一个旨在造反的阴谋，反贼的意图是造成社会恐慌；而地方官员早已习惯了对上欺蒙，把事件一概隐瞒。这两者都是他最为担忧的。为此，他严厉催促各地官员调查督办辖区内的有关案件。在此压力下，旧的案子被重新审核，新的案件和新的线索也纷纷浮现。那年的整个夏天，一批又一批的割辫嫌犯被抓了起来，受到刑讯逼供。直到秋天，几位负责侦办此事的军机大臣从各种迹象判断这是一些子虚乌有的冤案，事情才渐渐平息。

孔飞力以这短短几个月的叫魂案为线索，几乎全景式地展示了 18 世纪中国社会的各个阶层：皇帝、各级官员、普通的城乡民众、流浪者，从权力巅峰到社会边缘。分析视角也非常丰富：经济、人口、生态、法律、信仰、心理、官僚机制、信息传递系统。他的研究以横向剖面式的结构分析为主，而仍关注到历时的纵深：对发辫在清代所具有的政治意义的分析既是一次人类学的演练，又不离开特定的政治语境。

就整体看，心态分析是这本著作的一大亮点。这主要指孔飞力对不同社会阶层焦虑感的关注，其中既包括了民众的集体焦虑，也包括了乾隆作为一位独裁君主的个人焦虑。而他们的焦虑显然不同：民众更多感到的是生存危机，皇帝则既关注整个政权的稳固，也担忧被庞大的官僚系统欺瞒。作为一种感受，焦虑似乎是若有若无的：虽实有而无形。用王汎森先生近来喜欢提到的一个概念说，它乃是一阵"风"。捕风捉影，谈何容易！对此，孔飞力采用了实中见虚的处理方式：风不可见，但风过草偃，却在眼前。为此，他不断变换镜头，多方位考察了这些焦虑的产生原因：既有长期的，也有短暂的；既有结构性的，也有偶然的；既有经济的、政治的，也有社会的、文化的。它们构成了一个绵密的网络，描绘出这股风由兴起到扩散的线路图。

《叫魂》是部名著。像很多新文化史的名作一样，它也是误打误撞的产物。孔飞力本来的目的是要研究清政府内部的通讯体系怎样影响其实际运作。不过，改换题目后，我们仍可看到这条线索的重要：对信息的操控和运用是理解清代政治的一个关键因素。对乾隆来说，如何防止各级官员相互勾结，操控信息，一直是最值得关注的问题之一。为此，他不但建立起自己的密报渠道，也像极了一个蹩脚的历史学家：他试图从官员的正式报告中寻找各种线索，重建被隐瞒的"真相"。问题是，他掌握的信息实在有限，且有着强烈的主观臆见。这些信息碎片经其组合、修订、弥补、拼凑，正应了陈寅恪那句话：其言论"愈有条理系统"，也离本相愈远。然而，在专制政体下，君主的错误并不被视为错误。一旦基调确立，官员们只有应和，甚至变本加厉，才能博得忠诚之名。乾隆的确通过操纵信息引出了更多信息，但它们却是歪曲的信息。正如孔飞力所说："首席原告自始至终都是皇帝本人。"

这进一步把我们的关注点引到了皇权与官僚系统的复杂关系中，并为独裁权力的运作提供了一个心理学和政治社会学的解释。孔飞力借用的一个理论认为，独裁者同时掌握着两套相互冲突的权力：一是常规权力，带来理性的规章制度；二是专制权力，在制度的丛林中保障独裁者的行动自由。官员和君主之间也因此形成了两种关系：一是制度性的关系，二是个体之间的单线联系。对独裁者来说，最好的策略是二者的平衡：制度常规化的扩展会限制君主的个人权威，太多的例外又会削弱他对官僚体制的控制。而从整个叫魂案中，我们更多看到君主的专制欲望如何搅动了常规官僚体制的运作，从而把君主个人的意图带到了其反面：乾隆希望将叫魂的流言消弭于无形，以避免社会骚动，但在其直接催促下，越来越多的叫魂案被发掘——被制造——出来，这又进一步引发了他本人及整个官僚系统的不安。社会恐慌是专制王权的敌人，但专制王权的本性又促使它不断推动社会恐慌的生产。在这个意义上，正是专制权力自身，成为其永远无法摆脱的噩梦。

# "一二人之心"为何重要

治史重在察势。何谓"势"？举两例以明之。一是余英时先生接受香港电台采访，用下围棋做比喻，讲做学问的道理：治学离不开分析和判断，二者缺一不可。分析是细部的，判断则针对大局，然这大局却非一个个细节计算相加的总和，不在于一城一池的得失，而在总体的把握。另一个例子是蒙文通先生说的：观史"须从波澜壮阔处着眼"，好比万里长江，浩瀚不息，可是有"几个大转折处"，抓住这几处，就能将长江说个"大概"。余先生的比喻重在格局，蒙先生的比喻更凸显变动一面。对历史大势的判断便奠立在这两方面。

古人用"势"这个字，还有另一项意思。先秦思想家慎到首揭"势"的重要性，后被韩非阐发，以为"明主"治国的主要原理就是"任其势"。此"势"指"权位"而言。韩非说，"势"乃人主"胜众之资"。无有高位和权柄，即使道德高洁若尧舜夷齐，亦不能立功遂业。为此，他引用慎到的一个比喻："飞龙乘云，腾蛇游雾，云罢雾霁，而龙蛇与蚓蚁同矣，则失其所乘也。"权势之于人，犹如云雾之于龙蛇，一旦丢失，不过小爬虫一个。故而重要的不是一个人的内在品质如何，而是所借助的外在资本是否丰厚。

这两种"势"都有超乎个人之上、使人难以抗拒的力量，却不能混为一谈。后一种"势"作用于我们，每是直接的、现实的；但也是暂时的，形势一变，即随雨打风吹去。前一种"势"则必须放宽眼界，在高处远处才看得清，观察者绝不可为一时一地的得失所蔽——但也不是置之不理。从有限时空看，权位力量之强，有时气焰冲天，似可把整个世界化为灰烬，但历史帷幕落下，再度拉开，胜利者却往往是那些当初看来细小、沉默的力量：他们的确不够强大，却不肯放弃成长。曾国藩说：社会风俗之厚薄，全系乎"一二人之心之所向"。举世滔滔如晦，唯有一二人心独明，岂非渺茫到可以忽略不顾？可是，有此一二人守望理想，便为世界留下一二典型。人心思善，取则不远，观此典型，即知所趋归。积简成巨，蔚为大观。故曾国藩此论，并非大言欺世，而是一位能思能行的读书人处世的心得。

历史大势，并不取决于一时一地的人数多寡、气力强弱，而在于远见与执着。这个道理也可帮助我们了解另一个议题：读过余英时先生《士与中国文化》的人，每有疑惑：这些有为有守的士人，在中国史上到底有多少？余先生是否夸张了他们的力量和影响？扩而言之，任何理想的守望者，对历史的贡献是否都被高估？

毫无疑问，任何时候，坚守理想者都只是人群中的极小一部。余先生自己也说，他笔下刻画的士，"偏重在理想典型的一面"。是"理想"，便不等于"现实"，可理想也并不在现实外，绝非没有根基的捏造。余先生说："也许中国史上没有任何一位有血有肉的人物完全符合'士'的理想典型，但是这一理想典型的存在始终是无可否认的客观事实；它曾对中国文化传统中无数真实的'士'发生过'虽不能至，心向往之'的鞭策作用。通过他们的'心向往之'，它确曾以不同的程度实现于各个历史阶段中。"这段话清晰解释了"理想"在历史上所起作用，主要是通过心灵的感发应和，再次提醒我们"一二人之心"的重要。《公羊传》曾有"中国不绝若线"一语，后来我们用的"不绝如缕"，似即从此句生发。若线如缕，其纤弱可知，然而到底"不绝"。此"不绝"是历史大势，要在大格局和长时段中看，否则便只见到一缕一线，气若游丝。

其实，人类文明创造的任何一种值得珍视的价值，从现实层面看，都常是若明若晦，不绝如缕。我们在其中，当然可以看出人性的脆弱和渺小，但也可同时见到其坚强与伟大。况且，所谓如线如缕，也是相对而言。当初一些看似微细的理想，今日不已如空气和水一般，成为众生须臾不可离的必需品？当然它们仍是脆弱的，那是因为它们仍需我们的珍爱，不然即一朝尽失；但这并不意味着它们没有实现的可能。因此，我们仍有充分理由做一个"不可救药的乐观主义者"。不过，我们恐怕也需把希望放远一点，给自己一个坚守理想的距离：太近了，破裂得太容易；但也不能太远，远到渺不可及，与此世毫无瓜葛，非人间所能闻问，便不是希望了。

# 富强之外

　　中国近代是个危机时代。一般认为，这一危机的实质是国家的弱贫。因此，如何使国家迅速富强，成为困扰近代知识分子的思想主题。直到今天，仍有相当一批国人，把"钱"和"力"当作衡量国家发展的最重要甚至是全部的指标。这一观念的影响之深远，由此可见。美国学者本雅明·史华慈的《寻求富强：严复与西方》是较早讨论这一主题的著作。此书指出，近代中国知识分子把国家富强当作最终目标，包括他们对自由、民主、人的尊严这样一些根本价值的思考，都未脱离这个大前提。它导致的一个结果是，自由、民主和人的尊严沦落为实现国家利益的手段。

　　不过，在"富强"这样一些功利性的目标之外，诸如"人生意义"之类"迂阔"的问题在中国近代思想史上是否还存在，又处于何种地位？

　　张灏先生的《危机中的中国知识分子：寻求秩序与意义》就是回答这个问题的。这本书并未把史华慈的著作当作主要对话对象，但书名却很巧合地与史华慈的作品形成了一种对话关系——中国近代知识分子到底在寻求什么？"富强"还是"意义"？答案当然不会是非此即彼，二者是完全可以兼容的。然而，由于人们过多地把目光投向前者，导致后者在历史画卷中被淡化处理，似乎它们最多也不过是远方那一抹即将沉没的晚霞。这使得我们认为，近代国人似乎只忙于应付国家层面上的物质性危机，不再关注每个人的内在意义。

　　这当然不合事实。马克斯·韦伯曾说："人是搭挂在自己所编织的意义网络之上的动物。"衣食住行固是人们生活的主要内容，但如何穿衣吃饭，却各自不同，实际有赖于人们赋予这个物质世界以何种意义。中华文化有着一套独特的解释世界的方式，用张灏先生的话说，这是一套独特的"宇宙认知图式"。但是，近代以来，此一图式受到西方文化的剧烈冲击，最终导致了传统意义系统的崩溃。张先生援用晚清四川一位士大夫宋育仁的事例，生动描述了这一崩溃刚开始发生时的一幕：宋育仁特别批判西洋的天文学知识，以为"如彼学所云，则一部《周易》全无是处"，中国圣人也成为"无知妄人"，整个文化被釜底抽薪，尚有何存在的价值？一点天文学知识何以会在宋育仁的心中引发这样强烈的冲击力，今人可能难以想象，但也恰好给人留下了深刻印象，使人感悟到意义世界的坍陷，对彼时的中国读书人来说，究竟意味着什么。

　　张灏先生这本书讨论了晚清一些士人面对传统意义系统的危机所做的挽救工作。他选择了康有为、谭嗣同、章太炎、刘师培四个人为例，探讨他们怎样利用各种思想资源，重新"设计新的世界观，用以恢复其周围认知和道德的统一"。过去认为，这四个人代表了近代不同的历史阶段：康、谭是戊戌维新时代的人物，章、刘则是辛亥革命时期的人物。他们的政治取向截然不同，但在意义世界中，他们的组合方式改变了。康有为和刘师培以"道德"为核心组建意义世界，它和一种"未来主义的乌托邦思想"连在一起；谭嗣同和章太炎以"精神"为核心组建意义世界，引导了一种"把小我融进大我中"的思路，影响深远，从胡适到毛泽东，都无力完全超脱其外。

　　这样，张灏的结论似乎又回到了史华慈：个人成为实现集体目标的手段。不过，张灏是从"宇宙认知图式"的高度思考这一问题的，这就意味着，对相当一部分近代知识分子来说，国家的"富强"只是手段，个体的生命在投向这一事业的过程中，完成了意义的升华，才是最重要的。就此而言，他的意见毋宁说和史氏背道而驰。

　　自然，中国近代知识分子重建的世界观是否可以成立，又带来了什么样的后果，都还值得进一步评估。不过可以肯定的是，单纯功利的"富强"并非他们心中最根本的课题，我们今天不能仅从这个角度去感知他们的心灵。进一步说，虽然今天的中国，人民并不"富"，国家也未必"强"（这和很多人的乐观想象可能大不一样），但我们却不能停留在"富强"的思维层次上，而应接过近代知识分子的思想薪火，向更深更远处去探索中国人的意义秩序。在今天，这个任务比起清末并不轻松，可能还更为紧迫。

# "常识"有弹性

20世纪以来，国人听熟了许多大话空话，言高言远，深不可测，邈不可及，近年则颇有提倡"常识"的声音，必要而且重要。不过很多作者所说的"常识"，主要从西学中汲取营养，我则想把它放入中国思想传统中理解。

常识二字，重点在"常"，其意是平常、日常。故所谓常识，即人生日用的平凡道理。因为"常"，所以平白易简，不怪诞、不虚妄，可以坐而言，即能起而行。这么说并不意味它不追求高远，而是说其高远要建立在卑近之上，孔子云"下学而上达"，子夏云"切问而近思"，皆是此意。而"中庸"的"庸"，按朱子的注释，也就是"平常"二字。

这里我们可以看出中国思想传统的一个特质，就是对人间事业的肯定。用今日流行的术语说，便是"世俗化"。世俗化不是否定神圣的、超越的彼岸世界，但多数中国思想家认为，彼岸和此岸并非天悬地隔，更不能为了追求彼岸世界而否弃此岸世界；相反，由此入彼，有时正要通过对此岸世界的肯定来完成。佛教是个很好的例子，这个以涅槃为目标的观念系统，最终发展出一套"挑水担柴无非道"的思想性格，在出家形式下肯定了在家价值，只可说是"中国的"。我这样说不是要压缩中国思想的时空复杂性，但从比较思想史视野看，在世界诸大文化中，世俗化在中国体现得最为突出，应是成立的。许多西方学者认为，在几个世界性的思想系统中，中国思想的超越性最为薄弱。这当然是误解（此一问题的答案其实和我们怎么界定"超越性"有关），但这个观察也从另一侧面展现出中国文化的世俗化性质。

中国思想的世俗化态度也和一个认知取向有关：中国哲人似乎不愿把道理高高抽离出语境之外，给它一个形式化的解释，而是要在现象和义理间维持一种若即若离的关系：没有一定程度的抽离，显然无法达致一个具有普遍意义的结论；但要为普遍性而牺牲具体感和特殊感，也非中国学人所欲为。清人章学诚说"古人未尝离事而言理"，正好和西人注重形式化的思维习惯成为对比。这种取向有其负面影响，和西学比较起来，中国传统学问的系统性和逻辑性都相对稀薄；但它也使得我们能对义理保持一种活生生的锐敏感受力，包括对其所适用的边界存有一份清醒认识，不至于把一种观念看作衡量世间万事的唯一尺度。中国思想具有极强的包容性，便是这种取向的体现。相反，若把思想系统的严整度看作唯一指标，势必以丧失生活弹性为代价。

常识既建立在日常经验之上，自然很容易唤起我们的认同。不过，这却并非就是判断常识与否的依据。事实上，有些东西乍看去，怪头怪脑，一副异端模样。但我们一旦与之相熟，便知它不过只是把过去为人熟知的道理换上了一件新衣而已——在奇装异服下面，仍是一桩常识。换言之，常识的弹性决定了它的开放性：它不能脱离特定语境，但也具备适应各种相异时空场景的潜力。我们需要对一件新事物所由产生的具体环境有亲切认识，可也必须看出它所依据的普遍原则，才能够判断它究竟合理与否，否则难免刻舟求剑。

比如，最近闹得沸沸扬扬的同性婚姻问题。对大多数人来说，这绝对是一种从未遇过的新现象，不过它也并不完全脱离我们的既存经验：若我们同意，婚姻关系首先是两个相爱的人之间缔结的平等的情感契约，与他人无涉，而许多同性恋人面对社会压力，过着一种非常痛苦的生活，那么，我们对此问题，自然会采取"了解之同情"的态度，而最终发现，这桩"非常"之事，仍可从常识中寻到解决线索。

总之，站在中国思想传统立场看，常识主要体现为一种面向人间世的、尊重生活的多样性和复杂性，且具备足够弹性的思想态度。这当然和中国文化的某些特色有关，但和西方学者的有关论述，也有不少桴鼓相应之处。注意我这里使用的是"态度"。常识当然可以是一组有确定内涵的知识，但人生变化无常，我们既时时可能面对崭新挑战，不得不刷新知识，调整思路，则拥有一种"常识态度"，比熟记许多常用知识，显然重要得多。

# "没准儿"的常识

"常识"一词，清末已经流行。那时人们用这个概念，关注的是教育普及与通俗化；今天的通行用法，则主要偏重于对一种健全的政治、社会与人生态度的认可。不过，当年章太炎曾写过一篇《常识与教育》，其中讲的一些道理，却是到今天也还适用的。

文章开宗明义："现在有许多人说：教育的第一步，就是使人有常识。我说这句话是最不错！只可惜他们并不晓得什么是常识。"在章太炎看来，常识是一个"变量"。首先，各人有各人的事业，就有不同的常识。读书人对书本知道得多些，其他就懂得很少，不及农工商。"本来士人原是闲民，闲民既然没有事，有空儿去求知识，知识本来应该比农人工人商人富一点。但现在也不过一有一无，照这样看来，就最下级的常识，也是无边，难得理会许多，不是分明为职业所限么？"

其次，还有一个空间或者国别问题。太炎有段话，专门攻击"那一班讲政治的人"，只学了一点"法理学、政治学的空言",却不懂中国历代政治的利弊得失;熟知"别国的历史",却"不晓得本国的历史";地理、哲学,无不如此。讲起理论头头是道——然而,"不晓得本国的历史,就晓得别国的历史",可说是有常识的吗?他据此下了个断语:"这要本国人有本国人的常识,就是界限。"

章太炎此文有其特殊所指,主要针对当时"好讲常识"的"新学小生":他们自己并无多少常识,却洋洋以导师自命,把人家都看作有待启蒙的无知汉,其实不过多读了几本教科书而已。对这些话,后人不可胶柱鼓瑟,亦步亦趋,否则就有流于反智的危险;不过,他提出的一些思考向度,却并不过期作废。

常识二字,从字面看,意味着确凿无疑,但太炎提出的,恰是其流动游移的面相。它不是任何"定准"之物,藏于某处,只待我们寻来;一经到手,为人处世,即可一通百通。相反,常识本身就是需要经过一番慎思明辨才能确立的答案,而且绝非一劳永逸,必须充分考量具体的时空与文化环境,一桩一桩地确定。故章太炎的文章实际上涉及了一些非常基本的问题:我们以为的"常识",究竟对谁而言?谁有权指认和命名它?谁能说自己掌握了常识,或有资格指责别人常识不具?这些问题提醒我们,常识并不像听上去那般轻松。如同"真理"(今天有不少人开始对这个大词有了警醒)一样,它也常是一不小心就被"我执"利用,进行乔装打扮的工具,骗人的同时，也往往欺瞒了自己。

可是，不是说常识是人生日用的平实道理吗？如果还需经过苦思冥想，其"常"何在？诚然，我们平时一举一动，皆依赖于头脑中无须思索的假定，多数是从前人那里转手而来的间接知识，若要一一省察考验，恐怕最普通的生活都无法进行；不过，这不等于说思考和日用处于两个互不干涉的分立领域：我们的思考对象，太半由日常生活提供；思考的结果，亦须回应平凡世界的经验。试着对我们遵循的那些习焉不察的"规范"加以省思，并不意味着我们一定会大公至正、不再犯错（因为人的头脑归根结底不过是夹杂着正确与错误见解的混合体而已），但它会给我们提供扩展视野、欣赏另一可能的机会。实际上，常识之所以带有不确定性，是因它能够依境而变、随物赋形；而且正因如此，它才得以与人生日用密合无间：因为生活本来就充满了相似又不同的人与事呀！

如果太炎讲职业那段话是要我们突破我执，后来讲国别那段话就是提醒我们回归自我：有人有我，常识才立得起来。人与我相对而起，不看人家，怎见自家面目；设若连"我"都不知，又如何能够知人？根本来说，常识乃是一些好学深思者从自家性命里体贴出来的道理，因为带着体温，才引发类似情境中人们的共鸣，成其为"常"识。若只从书上观赏别家风景，无力回到自身世界检索验证，即使是常识，也是人家的常识，还不是我们自己的。所以，我猜，若章太炎听到伏尔泰笔下戆第德的话"这些都是很好的，但我们还是耕种自己的园地吧"，一定会连连点头，许为通达事理的知方之士。

# 仙女是用来奖励老实人的吗

　　朋友送来一册"奇幻小说"，作为消遣，随手翻阅，但读到其中一篇《青箱词谱之拾翠羽》，不禁有些动容。故事讲一苦命孤儿，老实，厚道，勤勉，无怨无尤。他记忆中的唯一温暖是幼时祖母的疼爱，也记得祖母讲的牛郎织女故事——人也该像那牛郎一样，本分、善良、踏踏实实，无非分之想；而天道无欺，善有善报，有天会有个仙子下凡，与他结为连理，为他生儿育女，对他忠贞不渝。有一天，这个苦命人、老实人，真的遇上了一个仙子——如同传说所讲，在湖中洗澡；而他也像传说的那样，抱走了她的羽衣。按照传说，她便该同他回家，从此男耕女织，白头偕老，过上幸福生活。但这个故事里的仙女不同：她挣扎，反抗，欲图逃跑，因而被锁在家中。可这老实的小伙子是真想对她好啊。他的理想并不出格：拼命干活，努力养家，享受天伦之乐。他不知何以自己遇到的仙子就这般不同，不懂得服从天意，无法欣赏自己的本分朴实。他把她绑起来实属无奈，只是盼她心回意转。故事的结局当然是个悲剧：数年过去，仙子生下一双儿女，终于获得释放。但男人没想到的是，孩子并未拴住仙子的心。当天晚上，她就跳下悬崖。七天后，一场飓风暴雨突如其来，夷平了村庄。

这篇小说照亮了我们口述传统中一个未经省察的道德盲区，因此我希望它能引发更多人的重视和思考。我相信很多中国人都和故事中的男主角一样，听过无数次牛郎织女的故事，但我之前从未想到它可能是另一番模样。作者说，小说的创作源于一篇关于妇女拐卖问题的报道，而"牛郎织女"里的情节早令自己生疑："偷看人家洗澡、偷人衣服，这不是耍流氓是什么！"作者更因此反思到了"道德"教条的局限："可见所谓道德，有时候只是自私自利、伤害他人的借口；而某个群体内部铁一般的道德准则，若用更广大、更人道的标准衡量，便是犯罪。"

这里"有时候"三字不能忽略，作者并未否认道德的意义，而是提示我们认真反思道德的实质，尤其是令我们警醒，各种道德训条皆是有其条件性的。但是，一般情形下，我们很难有机会跳出自己熟知的文化环境，当然也没有能力去进行这一番省察工作。事实上，也正是作者所遭遇的现实苦难唤醒了他（或她）的同情心和想象力，带领其突破田园般的人生典范，进入被"幸福"封锁的家中，窥见仙子的另一种生活。而一旦目睹这情景，我们的良心便难以安宁，不得不逼迫自己面对何谓"善"的问题：老实、本分、勤快，是否就是"最大的善行"？我曾看过一个纪实节目：一位得到解救的妇女回到当年被拐卖的村庄探望孩子，却被全村上下合谋阻扰辱骂。此事就发生在我的家乡，故对我触动极大。据我观察，华北乡民其实绝不缺少善心和温情，但面对一个无辜无助的女子，却忍心集体无良——这种"平庸的恶"不能不令人全面追索其社会和心理机制，不过我这里只想探究他们的道德意识。显而易见，此处的关键是，我们怎样看待一个女性（因而也就是怎样看待一个人）：仙女是上天犒劳老实人的奖品吗？

老实说，我还真不知那些乡亲怎样回答这个问题，这大概超出了他们的思考范围。如果仅把别人当作一个工具，而不是和自己一样有血肉、情感和尊严的生命，我们便不可能感受他人的苦难，也就此没有任何道德可言。因为道德并非功利主义式的理性推断，而是同情力的表现。同情源于人的本性，但它也是一种"能力"。我们常常忘记自己也是全部生命体的一部分，因而自闭于一己的特殊性中。但实际上，只有试着进入另一个人的处境，进入最深层的黑暗、侮辱和绝望之中，一个人才有机会听到那最为脆弱的生命在内心深处的呼唤。这声音就是同情的来源。它极其微弱，但并未被封锁，这只要看它在日常生活中的时时迸发就能知道。但问题是，往往在最需要最切己的时候，它却消失得无影无踪。显然，同情还需要另一种能力，即道德想象力。这种想象力越宽广，越敏锐，我们就越能在习见物事中发现可疑的缝隙，从而追索到善本身；这样，我们才能说自己看到了善，而不是听说了善。

美国哲学家玛莎·纳斯鲍姆认为，培训道德想象力，最好的教材是文学和艺术。借助于它们生动展现的另一类生活，我们得以突破自己有限的躯壳、地位和经验，认识到自己身边"那些被视而不见的人"，而这往往是"社会正义的开始"。事实上，我们只要略微自省，就能发现，自己的道德直觉在多大程度上依赖于幼时夏夜庭院纳凉时听来的故事。现在想想，我还是认为，"牛郎织女"本身还是个蛮不错的传说。但我同意，不同情节的故事可以使读者面临更多样的道德情境，拓宽其道德想象力和同情心，使其更准确地把握道德的尺度。因此，在牛郎织女之外，我们也必须让孩子知道另一种牛郎和仙子的故事。

第二辑　『智性社会』何以可能

# 做学问怎样成为做人的训练

　　钱穆先生曾说："做学问可训练做人。"初听不免令人困惑："做学问"是少数人从事的职业，并非人人可为，更非人人必为，除了享受其研究成果，大多数人的生活与之毫无干系。不过，若把我们把思路放开，钱先生此言也不难理解。这里的关键在"训练"二字：治学的道理、方法，许多根本就来自日常生活，二者容有深浅之别，却是一脉贯通。从平常情境中悟出的道理，举一反三，对于做学问不无启示；反过来，我们在平日也常常需要面对许多暧昧未明的情势，评判是否准确，有时甚或涉及身家，而专业性学术训练的一个核心工作就是学习如何审慎而精确地做出判断。

　　这个话题涉及千头万绪，一篇小文章无法详细展开，此处顺手引用德国知识社会学家卡尔·曼海姆在《意识形态与乌托邦》一书中举的一个例子，略作说明。这个例子当然不够通俗，不过，对于今天的中国社会来说，似乎特别具有启发性。

曼海姆在此书中把"乌托邦"定义为一种"超越现实"而具有破坏力的思想取向，其"一旦转化为行动"，就会"部分地或整个地破坏当时处于优势地位的事物的秩序"。他特别强调，"乌托邦"具有两个属性——超越性和破坏性，二者缺一不可。因此，并非每一种超越了现实秩序的思想都是乌托邦，"只要它们'有机地'、和谐地融入具有那个时期特点的世界观中（即不提出革命的可能性），它们就是适合那个时期的思想"。

同时，曼海姆也指出了乌托邦概念的两种滥用。一是把一切与现实不符的思想都称为"乌托邦"，贬之为永远无法实现的幻想。这常常是既得利益者的做法。他们选择了"赞同占主导地位的现行社会秩序的立场"，因而也自觉不自觉地采取了一个宽泛的乌托邦定义。曼海姆承认，"在超越情境的思想中，肯定有一些是原则上无法实现的"，但是，这绝不意味着所有的理想都是空想：它们中有些是"绝对无法实现"的，有些则只是"相对无法实现"，我们不能"把只有在特定秩序中才无法实现的东西看成在任何情况下都无法实现"。曼海姆举出的另一个极端是无政府主义者，他们把现行秩序看作"一个根本没有区别的整体"，忽视了"不同国家的特有形式之间的质的差别"，也"使人们注意不到任何历史和制度领域的演变倾向"。对他们来说，唯一有意义的就是破坏，"只有在乌托邦中和革命中才有真正的生活"。

很明显，这两种对立思想在思维方式上实是殊途同归：它们都忽视了事物的局部性差异，抹杀了"绝对"和"相对"的区别，而一味地热衷于整体性评价，如果不是拥有一切，便是一无所有；而其结果必然是，要么故步自封，要么革命不止。根据曼海姆的看法，这些论者的真实意向其实不在认识事物本身，而是将对事物的认知放在自己的政治立场中考量，最终是其社会利益决定了他们的态度。当然，他们不是用赤裸裸的暴力手段，而是采用学理辩论的方式，将自己的利益加以"道义化"的表述。显然，概念的滥用是社会利益斗争中一个极为关键的步骤。无论是既得利益者还是无政府主义分子，通过给自己看不顺眼的各种事物贴上同一标签，就可将它们划入同一类别；然后，挑出其中那些明显荒谬或危险的事例，就可以顺手将此一类别的全体一网打尽。

这里所描画的仿佛是一个处心积虑的阴谋家，而实际上，只有少数人才符合这幅图像。换言之，对于自己的真正意图，他们心知肚明。而大多数这样做的人，其实并未清楚意识到自己是从一个特殊的社会地位中观察问题，反映了自身的利益所在，相反，他们真诚地相信自己所言是理性思量的结果，秉持了某种正义的价值观。从知识社会学的视角出发，这一事实当然意味着，人无法完全逃脱自己在社会权力结构中所处位置的制约；但是，也正是这一点，提示出问题的另一面：人性中仍存在着一种超越自身利益的倾向。"理性"可能被误认，但它绝不是一个掩护一己私利的包装，而毋宁是一种突破自我的动力和多元立场之间的对话机制。因此，也为真正的学理探讨留下了可能。

我举乌托邦这个例子，是针对两类现象而发。首先，曼海姆笔下这两种极端观点，在目下中国并不罕见。它们彼此相非，势不两立，而一味囫囵，实是同门招数。因此，曼氏对"乌托邦"的不同层次所做的辨析非常值得推荐。只有把"相对无法实现"的目标从"绝对无法实现"的目标中区分开来，我们才能知道那"可以实现"的东西是什么，进而以一种稳健而坚定的态度将社会推向一个更合理的境界。

其次，是想提醒大家警觉各种滥用概念的现象。我们今天常常见到有人把批评等同于攻击。可是，批评分明不是攻击，不是诽谤，不是背叛，甚至不是批判，否则前人何苦费心尽力发明这许多不同词汇？它们的区分如此鲜明，将之混为一谈，要么真是别有用心，要么就是缺乏起码的分辨能力。前者属于道德范畴，不是本文关注的对象，而这里要讨论的主要是一个认识范畴的问题。更加重要的是，认识论并不只对知识探索才有意义，它同样会导致严重的道德后果：如果把批评等同于诽谤，真正的批评会越来越少，而真正的诽谤很可能会日渐增多。

语言的简单化总是伴随着思维的简单化，而紧随它们的，乃是政治和道德的堕落。史学家托尼·朱特曾发现，第二次世界大战之后的法国左派知识分子们"将所有那些社会上或者政治上不可欲的范畴收归于一个单一的系统，使其丧失了作为参与真诚的社会批判的工具的可能，令其无法在坏、更坏和邪恶之间做出区分"。这也正是今日中国社会面临的严峻的认识论考验。这当然不是说，"坏"就是可以原谅的，无论如何，"坏"都是我们要批判和改正的对象；但问题是，当有人把"坏"和"更坏"乃至"邪恶"混为一谈的时候，他们的目的不是要先从"邪恶"开始，逐渐到"更坏"，再到"坏"，一步步地、稳健地加以消灭，而是要转移人们对"邪恶"的义愤，借此达到为"邪恶"辩护的目的。

　　显然，从认识论的角度看，这两类现象之间有着密切的亲缘关系，而要解决它们，必须要有一副清醒的头脑。若我们多一点真正的学术培训，自然对准确把握同一概念的不同层次以及不同概念之间的分界存有足够的警醒，这种错误应会减少很多。就此而言，做学问不只是一项职业，也是现代社会人人应受的训练；而五四先贤当年提出建设"学术社会"的理想，今天仍是我们迫在眉睫的事业。

# 先看它的好处

今人提倡个性解放，崇尚批判精神。批判的对象，则主要是"人"，而不是"我"。年轻学子受此影响，以为打倒了别人，就树立了自己。徐复观曾说，他抗战时初见熊十力，请问应读何书。熊先生推荐了王夫之的《读通鉴论》。不久再见，熊问他读王著有何心得？徐复观侃侃而谈，将王氏指摘了一番，心中正在得意，不料却被熊先生大骂一通：任何书皆有好的地方和坏的地方；读书是要先看出它的好处，再批评它的坏处。你为何不先看它的好地方，却专门去挑坏的？这样读书，就是读了千百部，又能得到什么益处！徐复观说，这番痛骂令他"起死回生"。

这则逸事我是大学时读到的，深受触动——因我自己当时就是一个读书专挑人家不足的人。后来教书，更遇到不少有同样习惯的学生。我常常讲起此事，希望对他们有所触动。20 年的学术生活使我感到，批评人总比较容易。一本书、一篇文章，总有主题和篇幅的限制，不会面面俱到。对此论题稍有涉猎，通常都能随意举出几点作者没有涉及的事实、视角、观点。这些批评可能都和论题有关，但其实又往往并不相干。比如，思想史的著作，十九皆可被责备为只关注精英、忽视了民众。这当然不错，可我们并不能因此断言：凡不研究民众的思想史就不是好的思想史。这实际是批评家先给作者指派一个角色，再指责作者没有完成特定的任务。其实，正确的读书方法应是，先弄明白作者自设的目标是什么，若此目标成立，再评估作者完成得如何。读者必须深入书中，批评才会扎实得力；否则，混囹廓落，高则高矣，于人于己，实皆无益。

　　前边说"今人"如何如何，似乎这是一种现代病。其实此风由来已久，只是于今犹盛而已。清初叶燮在《原诗》一书中，谈到有一种喜以细故绳人的"俗儒"，专好拾小遗大，璧中寻瑕，欲"炫其长，以鸣于世"。为此，叶燮列举了杜甫诗中许多瑕疵，结论是：此等地方，毫不损及杜甫的伟大。反之，若有人焉，"其诗能一一无是累，而通体庸俗浅薄，无一善，亦安用有此诗哉?"所以，读书"贵得古人大意，片言只字稍有不合，无害也"。若一定要寻弊索瑕，则古往今来，恐怕唯孔子一人"可免"而已（进入 20 世纪，则此言说起来也不大能够一锤定音了）。在叶燮看来，这种批评风气的最大流弊是，很容易"使从事风雅者，惟谨守老生常谈为不刊之律，但求免于过斯足矣"。但我们写诗，却不是因为要

"免过"，而是要表达我们的创造冲动。一味攻瑕索疵却极大束缚了人的创造力，本末倒置，得不偿失。

叶燮这里的意思，其实就是子夏所说："大德不逾闲，小德出入可也。"毫无疑问，为学自应目标高远，精益求精。但"精"到何种地步，甚或什么才可以算作"精"，并无固定标准。若"精"就是"精细"，则其绝非学问的唯一价值。起码，叶燮举出的"高"、"大"、"远"三者，重要性就并不稍差。求"精"越过一定限度，反而落入卑俗的例子，在文化史上也比比皆是。更何况此类原则，用来律己便好，以之绳人，便会流于苛细。实际上，根据我们得自生活中的观察，这两者似乎多成反比：对人家要求越严，对自己就越容易宽纵。此无他，如同叶燮指出的，此类人往往自鸣其长，当然不能自知其短。

叶燮给出的，是一个心理学解释：有少数人是通过努力提升自己而变得伟大，但更多的人则习惯于通过展示别人的渺小，来证实自己的伟大。比起前者，后者更加便捷，成本更低，更容易成为选项。它甚至可说是人性的一部分；而20世纪的"个性解放"和"批判精神"一类话头，不过是换了一套遁词而已。然而，毕竟不是所有人都会选择这条捷径，故与其说它是"人性"，莫若说它标示出我们在通往"伟大"道路上暂时所处的位置。"贤者识其大者，不贤者识其小者。"一个人评价别人的尺度，也就是其内在的格局。这格局未必天生如此，可是它最后达到一种什么样的状态，到底还是取决于我们自身。熊十力先生这番话说得好，读书专去挑人家的坏处，读来读去，自己又有什么长进？发现别人的不足，凭借的只是自己本有的；看到人家的长处，才算是增益其本无。

# 理解比怀疑更重要

记不得是哪位说的了：中国古书是竖排，读起来好像不断点头说"是，是"；洋人的书是横排，读起来好像不断摇头说"no，no"。话很俏皮，目的是提倡"怀疑"精神。这种态度在 20 世纪以来的学者中很常见。陈垣先生讲史源学，就揭出两句"金言"："毋信人之言"；"人实诳汝"。其实两句并作一句，只是一个"疑"字。不过，他们也并非一味提倡怀疑。胡适曾言："做学问要在不疑处有疑，待人要在有疑处不疑。"治学与为人是两个不同领域，当有不同规则。然而有时这两个领域也很难做出清晰的切分：学术问题的解决会从生活中获得启示，学者在治学中养成的习惯也常常不自觉地体现在处世风格中。更重要的是，对于很多不求甚解的人来说，记住"怀疑精神"几个字，似乎永远比谨慎区分可疑与不疑的情形要容易得多。因此，胡适的提示也每每被人忘掉。

怀疑精神当然不错，但其一旦被滥用，也很容易沦落为一种"阴谋论"式的认知态度：一遇异见，便倾向于从"坏"的角度解读，似乎那里一定包藏了祸心。这一习惯在清末读书人中已经出现。1910 年，学部要求全国开设简易识字学塾，普及 1600—3200 个常用汉字。与此同时，一批民间人士则主张推行汉语的拼音文字。他们中有些人反对简易识字政策，其理由是：学部"令民记此数千字"，实际是想使人民"半明半昧，庶能恪遵法令，不欲其多有知识也"。

其实，学部未必想得这么"深"。学会一两千常用汉字，总比目不识丁更"有知识"，且三千多字，足以应付日常生活；而其时拼音文字流通范围甚窄，实难说用途广泛。问题是，批评者虽不能举出有效证据，却将此作为不证自明的立论前提，大概是认定了凡朝廷，总是要"愚民"的，故遇事皆从此角度着眼，所见便很容易"证实"所疑。这种思维方式今日似乎更为流行，针对的范围也进一步扩大，从官府到民间，几乎无处不有"阴谋"，套一句熟语，可以说是"宁可错杀三千，不可放过一个"。然而，这种态度一旦成为处世常规，本来还只是想象中的"阴谋"世界便也会立刻成为现实。

事实上，无论治学还是应世，最重要的态度都不是"怀疑"，而是"理解"。每一个共同体都有两面性：一方面，每个成员都和他人不同，另一方面，他们又维持着一些基本的共识，彼此进行着各种形式的对话。今人更看重"个性"，故也特别能欣赏"众声喧哗"，但亦应记住的是，"众声喧哗"如果只是每个人的"自言自语"，那也只能制造噪声污染，并不必然带来欣欣向荣的多元气象。实际上，人和人之间的交流，虽不一定以"同"为目的，至少应当尽力求"通"。要把他人真正视为对话的一方，首先须对其真实意图和思路有一种"了解之同情"，从其所面临的实际问题和采用的特定逻辑中解释其措辞的具体含义。这里要注意的是，理解不等于同意——我们通过人类学家的调研，知道了食人部落何以会吃人，却并不意味着我们同意加入他们一伙，或者同意我们自己被吃。但如果没有对其内在思路的理解，我们就永不可能真正说服对方。

这些话当然不是要否定怀疑精神，只是想强调，"理解"比"怀疑"更重要。我的理由有三点。首先，恐怕很少有人认为任何事皆可疑，但要对事物的可疑与否做一判断，必须建立在对它的真正理解上。清代学者朱筠曾说："不能信古，安能疑经？"即此意也。他的意思当然不是不能疑，但"疑"也须有个"信"做基础。其次，怀疑也不是空诸依傍的，我们总须依据什么来怀疑，而这个被我们拿来作为思考资源的"什么"，也得先经过一番理解才可站得住脚，否则便成为蛮不讲理的打打打，委实可厌。

最后，近代学者提倡怀疑精神，并不是把怀疑本身当作目的，而是认为这态度可帮助我们发现新知。不过，我们应该知道，怀疑本身只是一项消极的行为，并不积极地产生任何新的知识——尽管它可能为创造新知提供了一定的条件。这好比读书时候忽于理解，急于批评，终不过是"我与我周旋"，读与未读全无差别。有些东西之所以看来可疑，只是因其超出了我们既存的经验之外，但也因此而为我们开启了一扇意想不到的创造大门。在这种情形下，更须平心体会其细节脉络，不是单纯地疑字当头。美国史家罗伯特·达恩顿曾教导历史学者，遇到史料中的"怪诞"之处，千万不要一笑了之，轻轻放过。因为，"在文件最隐晦之处挑三拣四，或许能够解开闻所未闻的意义系统。这样的线索甚至可能引出令人啧啧称奇的世界观"。他本人的名著《屠猫记》便得力于此一认识，故此话是经验之谈，值得细细揣摩。

# 历史研究岂是算账

按照《说文解字》，史字"从中从又"，是一人以手执"中"之象。"中"是何物，学者历来意见纷纭，但大多数人认为此字应与记录有关，最终又跟政治密不可分。《易》曰："上古结绳以治，后世圣人易之以书契，百官以治，万民以察。"后世将此观念投射到天庭、地狱，于是有孙悟空在阎罗殿一笔勾销猴类生死簿之事，快则快矣，后来取经路上遇到幻化多端的六耳猕猴，跑到阎王爷那里查找其身份，却因记录无稽而无可奈何，真是自作自受。这也反过来证实刘邦入咸阳，萧何忙着收拾秦朝廷里的图书账册，智商到底要比猴子高上一筹。

历史是一门对付时间的学问。光阴似水，人在中游，上下极目，无始无终；也像赫拉克利特说的，人不能同时踏进同一条河流，方生方死，转瞬即逝，只留下空无而已，历史记录由是重要。即使无所不能的上帝，大概也面临着类似的问题，同样需要抵抗时间的霸道。《圣经》里讲末日审判，特别提到一种"生命册"——"死了的人都凭着这些案件所记载的，照他们所行的受审"。善恶相偿，看来也害怕赖账。白纸黑字，到底要坚实得多。

如《西游记》里表明的，类似的物件在中国人关于阴间的想象中同样存在。但和一般性的历史记录不同的是，此种讲法实际是把历史当作了账本。我小时候还在"文化大革命"期间，看到过不少宣传画都描绘"狗地主"藏了一本"变天账"的情形，而无产阶级的大手则无情地把它们丢到熊熊大火中，在火焰映照下，缩在墙角中的阶级敌人嘴脸愈发丑陋。在《闪闪的红星》里，胡汉三带着"还乡团"反攻倒算，在村口大喊："吃了我的给我吐出来，拿了我的给我还回来。"也是这个观念的体现。前几年忽然听到大街小巷都在唱这句话，仔细听，说的却不过是"80后"小儿女谈恋爱赌气吵架的事，令人不由不笑，觉得时代到底变了。

但这种算账式的史观，并未随时代的改变而彻底消散，至今仍有人怀疑历史学家去"闯禁区"或者研究结论与"主流"不同，乃是要"翻旧账"。这未免小看了史家的胸怀。当然，记账也是记录的一种，似乎也是早期史官的一种责任，但现代历史学家绝不是会计。这里的一个关键是，怎样理解历史学的学科使命。培根言："读史使人明智。"不管通常所说从历史中汲取经验，还是教训，都依赖于对人类既往经历更为全面和深入的把握。因此，历史学看起来面对的是过去，最终的落脚处仍是现在和未来。至少，研习历史应该开阔我们的心胸，知道一时的得失于整个历史不过是浮云，因而有助于社会更加和谐。天天计较尔长我短，盈亏几何，如同那歌里的一对儿，还不如趁早一拍两散。

历史学者踏入前人少有涉足的领域，为我们处理那些未曾遇到过的新境遇提供了更多的思考空间，但也不可避免要触及一些令人黯然神伤乃至痛心疾首的经历。这好比要撕开表面上已经愈合的伤疤，逼人正视，无论如何也不大招人喜欢。但须知历史学者并不是"受虐狂"，对于各种不愉快的经历，自然也是想要走出去。他们之所以甘为"乌鸦"也要将那真相揭破让人看，其意仍是使大家不必重蹈覆辙。比如，中、韩等国要求日本正视侵略的历史，便绝不是要求更多的赔偿，而是希望翻过这沉重的一页。但偏偏有人不承认，于是这段历史自然也就如影随形，成为永远翻不过去的一页。

这道理国人容易懂，但落到自己身上，有时也转不过弯来。近 20 年来成长起来的中国年轻人，对中国晚近若干年历史的无知已到了令人惊心的地步。以"文化大革命"为例，学术界在有形无形的禁抑下，自觉地把它作为"禁区"，至今缺乏翔实深入的研究，课本上有限的叙述也极为空洞教条，难以提供起码的反思资源。因此，许多年轻人偶尔获得一点与主流叙述不同的片段材料，无力将之放入更全面的历史场景中去加以考量，不是轻信便是轻疑，当然难以形成更为平实通达的看法。

这对于我们走出"文化大革命"，到底是好事还是坏事？

有人爱说历史是个包袱，必须放下，才好前行。如果真是如此，那这话所说的"历史"也主要还是"走麦城"，而绝不是"过五关"那种。自然，前者远不如后者那么辉煌，当事人不想说，也还是渴望面向未来，或者也暗自里有"放下屠刀，立地成佛"的期许，仍然值得鼓励。然而，另一方面，既往不咎的前提首先是要正视"既往"的存在，否则，"咎"与"不咎"又有何意义？就此而言，喜欢"翻旧账"的历史学家也是引领我们真正卸下历史包袱的向导，其实可爱。

# 终结"半神话"

一个坐在书房里沉湎于往事的人，如何向世人解释自己工作的意义？这种压迫感一直萦绕在史家心头，即使是声望卓著的马克·布洛赫，也不得不面对其幼子的天真盘查："爸爸，告诉我，历史有什么用？"对此，英国马克思主义史学家埃里克·霍布斯鲍姆用一个书名做了回答：《史学家：历史神话的终结者》。按照这个看法，历史研究的用途是：戳穿无论是什么人、出于什么目的、无论有意还是无意，编织出来的谎言，告诉世人真相。

历史学家是否以及在多大程度上能够复原真相，是另一个问题。我这里关心的是，假如霍氏所言有理（它仍是今日大多数专业史家的共同信条），史家为何要"终结神话"？它会使我们的生活更美好吗？生活美好又是什么意思？使人感到愉悦？历史研究有时能够使人愉悦，更多时候却正好相反：真相常会令人痛苦。日本当局删改教科书以掩盖侵略历史，显然是要逃避良心谴责，进而把自己打扮成唯一的无辜受害者，赢得道义的优势。在此意义上，是"神话"，而非"历史"，才使人愉悦。

既如此，历史学家为何还不依不饶，非把真相撕裂给大家看？

这是因为，不同人的感受有时会相互冲突，使一方愉悦的事，在另一方也许就是痛苦。因此，比愉悦更重要的，是正义和尊严，它们有时需以痛苦为代价去争取。一般来说，有能力建构神话并将其打扮成社会"共识"的，往往是握有强权的人，而这些神话是服务于他们自身利益的。当然，若说"终结神话"就能为弱势群体提供应有的权益和尊严，显然是妄想，但没有这至关重要的第一步，那些更实质的尊严又如何获得？这样，我们才明白，霍布斯鲍姆何以会在一篇讨论史家职责的演说中，突然提及那些"大多数普通人"：他们不够聪明，不够有趣，学历不高，"也注定不会功成名就"，然而，"任何值得人们在其中生活的社会都得为这些人着想，而不是为那些富人、精明人、杰出人物着想，尽管这样的社会也必须为这些少数人提供广阔的天地。"

但这并不意味着，终结神话仅对弱者才有意义。无论对谁，获知与自己有关的历史真相，都攸关其最基本的尊严。因此，对那些备受欺凌者来说，历史研究的目的是帮助他们拯救自己的尊严，而不是鼓励他们成为侵略者。须知，在有些情形下，神话也是由弱势群体创造的。对此，霍氏并无偏袒之意："我们确实不应忘记，在 1389 年有一场科索沃战役……这在塞尔维亚一般人的记忆中留下了很深的伤痕，尽管如此，它并不表明对现在占该地区总人口 90％的阿尔巴尼亚人的压迫是合法的，也不表明声称该地区的领土基本上归他们所有的塞尔维亚人的要求是合法的。"

通过调动过去的资源，生活在今天的人们能够突破视界的坚壁和死角，无论向前或是退后，都是寻找海阔天空，给自己也给人家一条活路。在这个意义上，历史学确实会使我们生活得更美好。在讨论"科索沃战役"之前，霍布斯鲍姆还说了一句话："几乎没有哪种褊狭的思想意识是基于单纯的谎言和毫无事实依据的虚构之上的。"这句话非常重要，提示了人类社会中一个更复杂的情势：在神话和真相之间，有时会存在一条混合道路；往往是这种混杂了谎言和事实的叙述，而不是那些完全的虚构，为"褊狭思想"提供了最具煽动力的基石，我们姑且称之为"半神话"（所谓"半"，当然不是一个精确的计量概念，而是讲这种神话的性质）。

此言令我们想到陈寅恪先生曾讲到的一个现象：武则天为称帝颁行的《大云经》，绝非如过去所说的伪经，相反，其经文全同旧本，奥秘只在疏证中：经过这番改造，原文增加了许多"新意"。盖伪造经典，其事既不易为，更难取信，不如在原文基础上"曲为比附"，反而事半功倍。这生动说明了"半神话"较"神话"更具煽惑力的原因:"半神话"本来包含一些事实,很容易激活有些人的片断经验,使他们倾向于肯定其整体判断。但实际上,个别事实一旦被放入一个有意歪曲了的叙述框架中,便完全可以用来服务于谎言。这一点,在诸如那些因为自己家里和周边没有饿死过人而否认大饥荒存在的言论中,很容易找到例证。

事实上,在大多数情形下,使历史学家付出更多精力和勇气去反抗的,正是这些"半神话"——为此,他们不只要得罪少数权贵,更可能得罪那些喜欢永远躲在一己经验中的"大多数普通人"。

# 带着"激情"，后退一步

　　1919 年年初，马克斯·韦伯发表了两次演说，后来集结成书，流传很广，仅中文译本就有几种。目前在大陆较常见的是冯克利先生的译作，总题是《学术与政治》，两篇演说的标题分别译为《以学术为业》和《以政治为业》。这个"业"字，德文原是"Beruf"，乃诸家历来争讼的焦点，中文或译作"志业"，或译作"天职"。冯先生之所以这样翻，是看重这个字在中文里的宗教色彩，令人想起佛家所说的"业报"。且不谈哪种翻译更准确，有一点是肯定的：大家都想把韦伯演说中那种宗教性的神圣感传达出来。我个人比较欣赏林毓生先生的译法："作为安身立命的职业。"这是因为，在韦伯看来，学术和政治都是一种"职业"，需要"专业化"的态度；但选择这种职业本身，又自具一种神圣意味——"安身立命"四个字，把超越性和世俗性弥合无间，取径与之极为相似。

　　标题虽饱含玄机，但韦伯原文的主要篇幅却都是用来论述"职业"这层含义的，看起来有些文题不接。类似的"脱节"也出现在他对从事学术或政治必备条件的论述中：首先就是"热情"（"激情"），但又强调，"无论它达到多么真诚和深邃的程度，在任何地方都逼不出一项成果来"，还是理性最为重要。任何事业皆需兼顾多项也许看来正好相反的素质，而每一素质所起的作用并不相同，韦伯的论述倒也合理。但实际上，在方法论中被强调的核心因素未必真会成为论述重心。一篇文章的侧重点，主要取决于作者心中的针对性。

这就把我们的思路引向这两篇演说时的历史环境。其时正值第一次世界大战刚刚结束，德国战败，社会价值崩溃，民众心态同时陷入两个相悖现象：一方是"西方的没落"一类悲观主义思潮的弥漫，另一方是一群年轻人中日益流行的"自由德意志青年运动"，推崇威权主义，要求对领袖的服从。韦伯的演讲就是应这一右翼运动团体的邀请而做。他强调学术的目的是"通过专业化学科的操作，服务于有关自我和事实间关系的知识思想"，保持人的清明头脑，就在针砭这股权威主义的潮流。在论政治的演说中，他更是直言，战争结束，一个"既通人情又态度节制的人"所应做的，是直面现实，和敌人探讨一下那些"已开始产生影响的客观利益"，而不是先去追究谁是"罪魁祸首"；这需要"客观精神和风度"——否则，只能"让双方都失去尊严"，并"为来日种下祸根"。

正因如此，韦伯对各种形式的狂热思潮——无论是民族主义还是民粹主义，都充满了警觉。用他自己的话说，他采取的是一种"责任伦理"：负责任的政治家，考虑的不仅是自己的目的，也要根据对各种可能后果的计算，充分评估所用手段。因此，"激情"虽是政治家的"决定性"因素之一，却远远不够。首先，激情指的是"不脱离实际的技巧"，必须把它与"无生育力的亢奋"区分开来，后者只是"浪漫"，却"缺乏任何客观责任的意识"；其次，比激情更重要的，是政治家的"责任感"和"恰如其分的判断力"。这就要求政治家必须从行动领域后退几步，与人和事"保持距离"。无疑，清明的理性并不只是一种学术素养，同样是政治领域所必需。

了解到韦伯的时代针对性，我们在阅读这两篇讲稿时，也不妨根据自己的时代需求，调整理解重心。在韦伯那里，学术和政治尽管各有其"专业性"，但要完美维持这"专业性"，却必须把它们视作性命所系。因此，在他冷静的话语后，实有一种内在激情。他提醒那些误把"计算"当作学术工作全部的青年人：学术所需的不只是"智力"，还有"心灵"。这几句话在他那里只是点到即止，但对于今天的中国学子，却切切不可轻轻放过。而韦伯的另一个提醒，在今日中国仍有反复强调的必要：欲以政治为业，一个人必须"具备训练有素的冷静头脑，具备面对这些现实并从内心处理它们的能力"——须知，我们放弃清明头脑之际，就是"魔鬼"行动之时，无论它扮作道德的义愤，还是承诺美好未来的权威；而最危险的情势，莫过于两者彼此相仇，实际又相伴而生。

# 好梦如何成真

　　中国人说梦，说得最好的是庄子："昔者庄周梦为蝴蝶，栩栩然蝴蝶也。"欢快极了，全不知世上有庄周这么个人。"俄然觉，则蘧蘧然周也。"到底是庄周梦到自己变成了蝴蝶，抑或庄周此人，根本就是蝴蝶做的一个梦？有人梦到自己在喝酒，喝得很开心，突然醒了，很是失望，忍不住号啕大哭；哭着哭着又醒了，发现哭也是个梦，就爬起来打猎去了。正在梦中之人，并不知自己是在做梦，过得有滋有味，极是得意。梦中梦到自己做了个梦，梦里醒来，还跑去占卜，看此梦是吉是凶；后来又醒，方知占梦的这个仍是一梦；直到有天彻底醒觉，方知一切都是一场"大梦"："方其梦也，不知其梦也，梦之中又占其梦焉。觉而后知其梦也，且有大觉而后知此其大梦也。"

　　为说明这个道理，美国人拍了一部大片《盗梦空间》，很好看，但是青筋暴起，大汗淋漓；庄子却轻描淡写，不动声色，而美丽异常。他是个天才，想象瑰奇怪谲，境界层出不已，每令读者意想不及。用今天的话说，他喜欢"逆向思维"，老也要打击人家的盲目自信。一般都说：梦醒为觉，梦幻觉实。他却说：人以为自己醒着，谁知是不是做了个自以为醒着的梦？大家都说毛嫱是个美人，沉鱼落雁；他却说：许是鱼和雁觉得她太丑，吓跑了呢？满纸荒唐言，全是负能量。但有脑子的人听了会反省：这世界真像我们看到的这样子吗？或者还可以换一种视角？假如他人所见和我们不同，我们是否可以随自己的心意型塑这个世界？

庄子动摇梦与觉的界线，似乎只是玄想。但按照科学说法，梦来自现实，有经验的影子，庄子之说未尝没有道理。黄庭坚《六月十七日昼寝》诗："马龁枯萁喧午枕，梦成风雨浪翻红。"夏日午睡，听到马在门外吃草的声音，遂梦见疾风暴雨，落花逐浪。钱锺书《谈艺录》引《楞严经》释黄诗："如重睡人，眠熟床枕。其家有人，于彼睡时，捣练春米；其人梦中闻春捣声，别作他物，或为击鼓，或为撞钟。"捣练声、春米声，在梦中即化作击鼓声、撞钟声。梦与现实难以一刀两断，由此可见。

由于梦境不离实境，人也就难以随心所欲，梦所欲梦。钱先生又引李贺《春怀引》诗："宝枕垂云选春梦。"夸奖这个"选"字用得好，有创意：因"梦虽人作，却不由人做主"，若梦可"选"，"则人自专由，梦可随心而成，如愿以作"，岂不大佳？至清人周亮工又言，古人有"买梦"之说，想做个什么样的梦，直接买来就是，一手交钱，一手交货，何等省心，何等利落！可惜此梦至今仍只是梦。

现实为梦提供了底色，梦也反过来会影响现实，或根本就应视为现实的一部分。故有心改造现实的人，都很注意梦境。钱先生说，他曾读过一位中世纪传教士的《贞洁进阶》诗，以"见色闻声而不动心"始，以梦无猥亵为最高。在中国，宋明儒生修身律己，也把梦境作为检束的一环。陆游诗屡道此意。《孤学》："家贫占力量，夜梦验工夫。"《勉学》："学力艰危见，精诚梦寐知。"《书生》："梦寐未能除小忿，文辞犹欲事虚名。"放翁不以理学家名，自律之严，却不亚于理学家。周亮工父周坦然至有"凡梦皆可告人"之语。梦中往往泄露平日自己也难以觉察的心意，展示出另一个"我"的存在，所以倍加留意。

弗洛伊德对此了解最深，一大部《梦的解析》就讲这个道理。梦是现实的幻化，要改变梦境，必应从解决现实问题入手。这似乎和理学家看法一致。不过，理学家对梦采取检束态度，重视个人修为；弗氏则强调，梦得不好，需要的是解放，而不是更深的抑制。如"超我"的力量太强，势必迫使"本我"潜入梦中，以变形方式呈现出来。两套看法似乎又相反。但理学家和弗洛伊德的差异其实也未必那么大。理学家讲的修身，是从一点一滴做起，使人欲"恰到好处"，并不是要压抑本我。读者不必断章取义，人云亦云。

　　若依中国的说法，另有一种噩梦，还不是普通的人欲所化，而是做了伤天害理之事，不可告人，郁积既久，遂形于梦寐。对此，解决的办法也还是直面它：唯有勇敢认错，才能放下包袱，轻装前进。曾在电视上见到逃犯讲述自己逃亡途中如何战战栗栗，草木皆兵；直到自首，才睡得一场踏实好觉。道理正是如此。《论语》说，君子有过，犹如日月有食："过也，人皆见之；更也，人皆仰之。"（老共产党人陶铸曾在《太阳的光辉》一文中引用此言，应好好学习）隋代智者大师讲止观法门，令修习者先"真心忏悔所犯重罪"，直至重罪消灭。罪灭之象便是"身心轻利，得好瑞梦"，否则即被种种噩梦缠缚。那不是梦来缠他，是自己缠缚自己，自己不肯解脱。

　　这样说来，梦虽不可选，不可买，不可抄袭，不可盗用，不可父子传承，不可夫妻替代，不可制成模本，颁行天下；但人要做一个什么梦，也绝非无能为力，总有可以作为的空间。

# 换一束新的光芒召唤历史

无论眼前的世界如何活泼生动，它也势必沦为往昔，沉入历史的暮色。可它们并未消逝，只是静候现实的召唤，一旦有一束光投射过去，就立刻鲜明起来。那些被认为意义重大的事件，更是从来都如影随形，陪伴在人们身边。而往昔与现实的交织，既可能是正面的，也可能是负面的。在后一情形下，它带给我们的更多是灾难：对既往的认知因现实的争论而四分五裂，眼前的对抗也因双方从同一段历史中各取所需而难解难分。

在托尼·朱特看来，20世纪法国的历史就为我们提供了这样一个悲剧脚本。《责任的重负：布鲁姆、加缪、阿隆和法国的20世纪》一书记载了他对此悲剧的思索，但他没有正面描述这个悲剧，而把主要篇幅放到了三个反潮流的思想家身上。这三人的事业、经历、观点都不相同，甚且彼此抵牾：本想做一个文人的布鲁姆成为社会党领袖，甚至登上总理席位；加缪以存在主义作家的身份广为人知，却和萨特等人反目成仇；雷蒙·阿隆作为保守主义哲学家和社会学家，生前备受诋毁。作为法国公共知识分子的异数，他们一同展示了，一个被对立两极观念撕裂的社会，如何难以察觉真正的历史转机。

全书分为四章，除了"导论"外，余下三章各论一人。不过，读竟全书，我的注意力更多被"导论"吸引了。作者在这一章诊断的 20 世纪三大"法国病"，最使我感慨不已："政治上的左右两派争个没完没了；维希政权及其对民族道德境况的恶劣影响延续了数十年之久；政治制度的持续不稳重现了 19 世纪的情形。"其中，左右之争乃是关键所在，其他两个更像它的并发症。对一个当代中国读者来说，这些现象可谓如在身边，仿佛一扇大门，随手推开，就能直入书中描绘的意境。事实上，如我这样对法国史了解甚少的读者，把人家事看作自家事，以己度人，心生戚戚，在所难免。

尽管时下中国人所谓的左和右，与 20 世纪上半期法国人使用的同一对词汇，所指并不完全重合，但就其意态来讲，并无二致——左右之争的核心就是站队。一旦选择加入某方，敌我身份随之确定，立场决定结论：凡是敌人反对的，我们就要拥护，反之亦然。无须推敲，省去了犹疑的苦恼。且这选择是全身心、系统性的：一个富有经验的从业人员，从对方端起咖啡杯的手势中也能判断其政见归属。哪怕在一个微不足道的细节上同情对方，也要冒着成为叛徒的危险。身处两大阵营之一，战斗就是思想。而争论的参与者则都认为冲突乃

"对方固执己见、拒绝遵循自己的世界观所致",并不对站队这一行为加以反思。总之,"意识形态之争在参与者们眼里显然是第一要着,其他事情顶多偶尔地、短时间地关心一下"。

左右之争既如此激烈,与其说是因为双方存在什么不可调和的利益冲突,毋宁说是不同信仰所致,因此,毫不奇怪,对历史的解读成为它最好的思想测试剂。朱特指出,20世纪法国社会的分裂"直接来源于对法国共同历史——特别是法国大革命的遗产——的相互冲突的解释"。这正是前边所言:越被赋予重大意义的历史事件,越可能造成社会分崩离析。大革命的地位太过崇高,不但成为价值的分水岭,也是任何一方不能放弃的道德高地;后人对它的诠解,直接关系到他们的作战方案。可以说,大革命自身就构成一项传统,后人由之将自己的行为合法化。这一传统的辐射范围如此宽广,以致整个法国"几乎没有什么公共人物思考过",在左和右、共和与极权的对立之外,"还有没有其他的选择"。

对大革命的路径依赖,局限了法国社会的知识"想象力",是左右之争的一个原因。其次是因为历史给人的教训太过深刻:凡欲突破这一思考格局的人,"总是不得好报"。此外,还有一个社会学方面的原因:在法国,"知识分子参与公共生活的历史受到场合的限制:只有当作家、教师和学者们似乎因义务所迫,在一场国家级大冲突中选择加入某一阵营的时候,他们才算进入公共生活"。在这种场合中，聚讼的焦点攸关国家根本，双方固执己见，寸土不丢，也可想见；而其结果永远会是："政治或意识形态立场第一，专业知识技能则屈居其下。"

可是，原则问题就只能是少而精的问题，我们日常所遇多数只是技术问题，这要求我们拿出切实可行的具体措施，在人道和公义立场上推动事务的实质性改善。但"站在人道和公义立场上"，并不意味着把人道和公义作为口号呼喊，也不是仅仅把自己的职责界定为伦理学和政治哲学的议论，而是要沿此方向，把现实问题细致化、具体化，充分考虑其缘起、环境、条件中的特殊性，提供可以操作的方案。在态度上，它要求争论各方都做出合理妥协，否则必将陷入阿隆警示的陷阱："抵制、拒绝温和适度的主张以及政府的各种职能"，只是"在为不适度的东西扫清道路"。在知识上，它特别注重社会学、人类学、心理学、法学、经济学、市政管理、城市设计等"专家"型社会科学学科。因为，如同阿隆笔下的马克斯·韦伯，知识分子真正的任务是："他时刻准备着回答那个令我们所有的票友政治家们惊慌失措的问题：'如果你是一个内阁部长，你会怎么做？'"

与此相反，法国多数知识分子把批判看作自己的唯一使命（注意"唯一"二字），而这批判又主要是政治性的。他们热衷于把技术问题还原为根本的价值问题，甚至来不及细究事情真相，便匆忙表态，也要求别人表

态；不惜牺牲自己，更不吝牺牲旁人。整个社会为强大
的意识形态冲动所绑架，形成巨大黑洞，几乎耗尽所有
的思想能量，也导致了一个最奇怪的矛盾："一方面一
切都被政治化，另一方面又鲜有人严肃地关心政治问
题。"它使得法国付出了"最致命的"代价："人们企图研
究一劳永逸的解决方法，而不再持久关注经济、社会停
滞所付出的代价，不再关心应如何给政治行为设限。"

朱特把这种立场优先的态度称作"不负责任"。自
"一战"结束，法国有三种形式的不负责任。首先是政治
上的：统治法国的那帮人"庸碌无能、漫不经心"又"玩
忽职守"；且这是"一种文化"，几乎所有党派的政客"都
带有最褊狭的党派倾向"，不肯跳出自己小圈子的利益，
为这个国家负责。其次是道德上的不负责任：一旦加入
一个阵营，"你就必须抛弃，或者至少暂时抛弃道德自
主权"，唯党派意见是瞻。最后一种是学术上的：20 世
纪前半期，法国的公共知识分子主要由文人组成，"热
衷于公共论争，却往往不太知道自己在讨论什么"；50
年代以后，"本可以提供各种专业知识"的社会科学家替
代了文学知识分子的位置，但社会依然期待他们"就任
何话题发言"，社会科学家自身也不惜故辙重蹈。

简单说来，我们可以把朱特所描述的不负责任归纳
为两种表现，一是把派系利益等同于道义原则，二是贬
低专业知识的地位。这两种表现也都和法国知识界召唤
历史的方式有关：把政治区分混同于道德区分，将党派

竞争描述为善恶决战，最终以政治原则置换道德原则，本来就是法国大革命的产儿；"一劳永逸"解决问题的思路，则是大革命的另一项遗产。

不过，朱特的思考不限于这两个具体线索。通过对加缪的表彰，他揭示出一个与大革命相关、又超出了大革命这一具体历史事件的层次："身为作家，加缪通过具体的形象、直接的经验思考，将其所有有关人类可能性和局限性的理解与一种空间感联系起来——而他同时代的知识分子理解的人性则（或许是完全）只受时间和'历史'的限制。"这里，"空间"和"历史"的对立，指涉出两种不同的现实感：前者力图准确把握我们所处具体时空条件的特殊性，后者则将所有时空情境都视为某一神圣主题连续剧的一个情节，其意义只能从它们在全剧的地位判断。剧情发展过程中，无疑会出现各种矛盾，要根除它们，只能通过终极性解决方案，临时性措施是没有意义的。通过这一思路，各种不负责任的立场显得道义十足。

因此，对历史解释权的过量关注，既是轻忽现实的原因，也是其结果，还是其表现。无怪乎朱特要慨叹："在 20 世纪的法国，历史和记忆达成了共谋，合力排挤对这个国家而言真实存在的两难困境——其中之一正是相互对立的历史叙述留下的沉重包袱——的持久关注。"

注重专业知识对改良社会的作用，不能被理解为贬低人文思想的价值。从朱特笔下三种"不负责任"的形式看，他把问题分为三个层次：政治、道德、知识。它们各有独立性，没有任何一个可以被轻易否定，也不能把它们化约为其中的任意一个。

朱特宣称，自己所说的"责任"，绝不等于"政治介入"。然而这不是说他在提倡政治冷漠，而是在警示我们：政治的真正改良，必须从消除"泛政治化"的社会思维习性开始，尤其不该把表白政治姿态与解决政治问题混为一谈。他引用了加缪的一段宣言，最使我们了解其真实的命意："知识分子的责任不在于采取一个立场，而在于在不存在立场的地方拒绝采取立场。"加缪所言"立场"，尤指党派立场；其"拒绝采取立场"，意在保留独立做出道德判断的权力，也是在为专业知识腾出应用空间（不过我们也应充分理解"不存在立场的地方"这个前提）。

这同时也意味着现实主义的政治态度，包括全面评估我们的条件，勾勒出问题产生和运作的线索与机制，厘清有关因素的轻重缓急，以及提供一个可量度的阶段性目标——这个目标首先是阶段性的，并不追求一步到位地实现自己的全部主张；其次是可以量度的：这当然不是说把目标精确到小数点之后几位数字，而是说，它可以告诉我们，在目前情形下，我们做到哪一程度，就可牺牲较小，又能较明显地改善某些人遭遇的不公正处境，同时也为进一步改革奠定稳固的根基。这意味着，社会改良永无休止，永远在途中。事实上，在朱特看来，这种"未完成的、中间状态的、有局限的体制"才是自由的"主要保障"。

朱特把重点落在政治层面，主要是由 20 世纪法国知识界的实际状况决定的。毋庸置疑，同样的道理，对于道德和知识领域也一样适用。如同"泛政治化"一样，把一切问题都化约为道德判断或知识判断，社会风险系数是一样的。这是因为，即使同一个人的可欲价值也不止一种，有些价值甚至相互对立，作何取舍，时费思量；而很多人也根本缺乏将道德原则具体化的本领，每当遇到特殊情境，往往不知何为合宜之举。故道德原则至上和意识形态至上，实是半斤八两。但若反过来，将包括政治和道德在内的价值取向一概弃之不顾，专业至上，也是另一种盲视，必然缺乏整体视角，只知局部利益优先，各种专业方案之间的冲突，或竟会变成另一种意义上的派系之争。其实，政治、道德、专业知识，未必相互排斥，社会的真正变革倒有赖于它们的合作。

作为一个历史学家，朱特更不是要贬低往昔的重要性。历史本身是无辜的，即使它导致社会分裂，也不是因为我们把目光投向了它，而是因为我们以错误的方式地观照了它。在我看来，把历史看作一部通往唯一结局的连续剧（无论结局是什么），便是这一错误观照方式的核心。在这道错误的光芒照射下，现实不过是驶向历史结局的一个驿站，其本身并无独特意义可言，当然也不值得给它什么特殊对待——我们只要知道终点站在哪里就好。

但我们也不能简单地将这种历史观归纳为"未来主义"的。如前所述，正是历史遗产源源不断地为左右两派的斗争供应着符号武器。事实上，这种观念给人留下的一个印象是：除了现实不重要，过去和未来都很重要。这当然使人想到：过去和未来的关系又是什么？

朱特对此未加解释。根据我的理解，在此观念中，未来是一切价值得以最终展开（因此也就是其最终实现）的空间，当然在整个历史进程中居于首要地位，此前每个阶段的意义都是由它赋予的。但另一方面，未来到底如何，谁也无法拿给人看，其秩序只能从已经呈现的事件中推导。若我们相信，历史的终极主题早已隐伏在既往之中，那么问题就变成了：我们如何去寻找它，又找到了什么？在此意义上，谁掌握了对往昔的解释权，谁也就掌握了对未来的预告权。过去和未来的合谋，组成了一把衡量现实的尺度。这就是左右两派都会乞灵于法国大革命的原因：它已被他们各取所需，赋予了不同意义，可是他们又都号称，自己的理想全赖大革命所赐。

这个现代观念的根源，深埋于人类一些最古老的看法中。哲学家查尔斯·泰勒把犹太教、基督教和伊斯兰教都叫作"历史性"宗教，它们的"忠诚和虔敬集中在关键的历史事件上"，这些事件被认为"上帝肯定性力量的迸发"，它为信徒的生活提供了持续的支撑，同时也要求他们努力保持"这些时刻永不间断的连续性"。比较宗教学家伊利亚德在《宇宙与历史：永恒回归的神话》一书中，也揭示出诸多古老文化共享的一个主题：人类必须一次次地返回历史原点，才能刷新他们的生命力。虽然泰勒认为，近代以来的理性主义思潮已经带领我们远离了"历史性"宗教，但朱特的观察表明，这一思路不但没有消失，而且以一种极为强势的方式支配着后启蒙时代的思想走向。

那么，这是否意味着人类难以走出故道，太阳下终究没有新鲜事可言？

这句古老格言自有其睿智之处，不过，世界日异，毕竟也有目共睹。新旧并非势不两立，而是共同打造历史面相的力量。明白这一点，我们可能会对朱特多一份了解的同情。事实上，法国最终走出了20世纪的怪圈。这既解放了法国，也解放了法国的历史。如果说，此前的法国因"现代政治权力高度仰赖于关于历史的宣说"，而致使"历史成了政治"的话，现在，历史终于可以不为尧存，不为桀亡，成为它自己。无论持何种政治观点，我们都无须为了我们的目的，而扭曲、忽略、夸张、发明不同的历史，而是让那些过往的人们，无论是风光的，还是受难的，无论是伟大的，还是平庸的，都能各安其所。阿门！

不过，朱特认为，法国"得以克服其'病症'"，主要靠的是20世纪60年代之后的国际形势变化，带有不少运气成分。这也不能不令人思索，一个陷入类似境遇的国家，是否有机会凭借自身努力，恢复健康？如果可以，那又该怎么做？

书中似乎找不到直接的答案，但我们可以从朱特对法国知识分子的批评中窥得一二："他们习惯用最传统的方式反思并回应身边的政治文化纷争，而不是尽力把全民的注意力引向其他方向，引向更有希望的轨道上。"这里说的"注意力"三字，似应给予特别关注。这个看来极其普通的字眼，在构建社会秩序方面的作用被大大低估了。实际上，正是由于注意力的存在，我们面对一团乱麻般的世界才不至茫无头绪。通过凸显某些事实，注意力为我们提供了理解这个世界的必要线索：有些现象变得重要起来，有些被放到次要位置，有些则根本被忽略了。然而，若从另一方面看，注意力也不免是一种局限，会自动屏蔽另一些现象。由于注意力同时具有建构和遮蔽的作用，因此，随着注意力投注的方向不同，我们对同一个世界会产生不同的镜像，进而导致我们采取不同的方式对待它。

因此，把公众的注意力从传统中解放出来，并将之导入新轨，虽然不是唯一的措施，却无疑是可行的方案，对知识分子来说，恐怕也是最为力所能及的手段之一。

当然，转移注意力也是一个大工程，一言两语说不清楚。我特别注意书中引用到阿隆的一句话："过去我们犯的错误，不能靠现在在相反的方向上犯下新错误来弥补。"这里暗含着对一种二元对立认知结构的批判：如果我们认为，世界上除了左和右，别无他路可走，则改正旧的错误，势必以犯下新的错误为代价。但如果我们在左右对立之外，能够成功地提供一种新的认识范畴，就会导致注意力的突破。泰勒不是说嘛："表达也能够改变实践。"新的表达范畴的出现，意味着我们可以换一种新的眼光认识这个社会，发明出新的社会实践。

左右之外的新范畴，并不一定就是"中间"。这个概念太依赖于左和右了，一旦此两端消失，它也丧失了必要性。作为左右对立的产物，它更多是一种消极概念，难以产生足够的冲击力和说服力。我所谓新范畴，确切而言是新的范畴框架。比如说，我们不再采用左右这样的区分方式，而是把对社会改造路径的态度分为"温和"与"极端"两种。这样，我们不但可以立刻觉察到被左右框架蒙蔽的许多社会面相，也会对左右之分产生新的认识：原来左派和右派中都既有温和分子，又有极端分子；温和的左派和温和的右派在基本问题上的共识，远远超过他们和各自阵营中极端分子的一致。一旦认知到这一点，这两个派系中的温和分子便可以坦然地跳脱极端分子造就的政治和道德陷阱，思想阵营得以重组，一个社会也有机会探索另一种发展可能。

这当然不是替代左右之分的唯一方案。事实上，我们理应从多种维度探索社会，既包括政治和人文视角，也包括各种社会科学专业的导向。我们的认知范畴框架越丰富，就越容易对所处社会诸领域产生切实的特殊感和具体感，为思想实验开拓更多样的空间。社会有活力，便不致为少数极端分子所绑架。这同时也会改变我们和既往的关系：不再把它看成为左派或右派提供依据的证人，而是给予我们思想灵感的源泉。换言之，我们试着换一束新的光芒去照射历史，它也会用不同方式回应我们。事实上，这并不只是注意力突破带来的结果，它本身就是其中的关键步骤。

# 真理和谬误比邻而居

　　历史学者特别留意史事发生的特定时间与环境，因表面看来"惊人相似"的事件在不同情境下，意义也截然有异，一不小心，便很容易张冠李戴。不过，人性虽然复杂，变化范围却总有一定限度，故相异的情形并不能阻止彼此的沟通。就此而言，英国思想史家以赛亚·伯林的论文集《扭曲的人性之材》值得一看。它主要讨论"乌托邦"和文化多样性两个观念在近代欧洲的流变，对当下的中国人却别具启示。

　　乌托邦是欧洲文化传统中一个核心主题，历来为思想史家关注。伯林指出了它所由成立的三个认识论假定：一、"对所有真正的命题来说，只能有一个正确的答案，其他所有答案都是错的。"二、"找出这些正确答案的方法一定存在。"三、"所有正确的答案必定是毫无例外地彼此相容。"这些假设又和一种"静止"的人性论有关，它意味着："人性在本质上是完全一样的，无论何时何地；并且遵循不受人控制的永恒法则。"伯林认为，这个看法忽视了人"作为一个主体",具有创造自己的生活方式和价值的能力。自然和传统当然都可以对人施加"限制",但人"面对矛盾对立、互不相容的目标",仍有一种"自由选择的能力"。

伯林指出,从文艺复兴时代开始,一种对人性的新看法出现了。人们发现,不同社会,"无论是生活观念和行为方式,还是规则和原则,都有着不可调和的差异性。"18世纪之后,赫尔德等人进一步发展了这一趋向。与乌托邦所设想的人性最终的同一性不同,他们感兴趣的是不同民族文化的独特性、差异性和不可通约性——这就是"文化多元论"。他们承认,不同的生活观和价值观,不可能被圆融地整合到一个巨大的和谐结构中。这个世界是由许多在本质上相互矛盾、别具"个性"的文化构成的共同体。我们必须"进入"另一种文化中,才能"理解"他们的希望和恐惧。

这种新观念在欧洲思想史上带来了大突破。伯林以德国浪漫主义的"个性"概念为例,分析了它的影响:浪漫主义者认为,生活的目的和理想不是客观的存在,只待我们去"发现";相反,它是被每个人自己"发明"的。因此,"每一个独立的单元、每个个体、每个群体、每种文化、每个民族,以及每个教派,无论它们有的是怎样一种'个性',现在它们都在追求自己独立的目标"。个人主义、民族主义的兴起也都可以视为这种观念的产物。

既然人生的"理想"和"意义"不过是一种个人的发明，故其是"对"是"错"，"已经不再被认为是重要的"，重要的只是如何将它变成现实："每一个发明家都会致力于将其发明付诸实行，每一个空想家都要按照自己的想象来改造世界，每一个民族都要实现她自己的目标，每一种文化都要实现她自己的价值"，其结果就是——"一切人反对一切人的战争"，"欧洲的统一"结束了。更重要的是，在浪漫主义的极端观念中，普通人成为"权威创造者"手中"随心所欲锻造"的"人性材料"，这最终会使每一个人"自由选择的能力"随之终结。在这里，浪漫主义和法西斯主义只剩下"一步"的距离。但问题在于："这一令人恐怖的结论，跟浪漫主义的美德一样，导出于同样的一些预设。"

观察一种观念怎样走向自己的对立面，大概是最能引发思想史研究者兴趣的课题之一。不过也正是这种思想基因"变异"的例子告诉我们，仅仅从概念到概念，是不能准确把握一种思想的历史地位的。实际上，愈是抽象的观念，在实践中的作用愈可能"自相矛盾"。某种思想的后果，必须放在特定语境下才能看出；语境不同，同一观念的影响或许大相径庭。故我们对"主义"之类，实不可看得太死，太僵化，以为真理只在此家，别处都是谬误——相反，"真理"和"谬误"常常比邻而居，多走一步，就互换了身份，很难让人"从一而终"。伯林讲述的这段故事表明，固执一个不变的"普世人性"，可能压制多元文化的个性；但一味否定人性的共同与相通，亦会消泯了人的选择自由。如何在剧烈变动的社会条件下，恰到好处地把握其间的分寸，实在是对一个社会的细心、耐心和智慧的考量。在"普世人性"和"多元文化"之间，今日不少国人似已陷入非此即彼的困境，择一而取，从一而终，正该从欧洲这段思想史上汲取一点教训。

# 思想对手怎样成为孪生兄弟

　　一个坚定的有神论者和一个坚定的无神论者辩论，你来我往，各不相让，从早晨开始，直到夜幕降临，才见出分晓，各自退下：无神论者跑到神庙大哭一场，请求神灵原谅自己的无知狂妄，此后一定痛改前非，虔敬侍神；有神论者回到家中，把神像统统敲毁，庆幸从此获得新生，不再为虚幻的教条拘束。这是我过去读过的一个故事，很显然属于庄子所谓"寓言"之列，聪明人编出来讽喻"真理"之脆弱，人心之无恒，改宗何其易也！

　　不过故事隐含的道理不止一层，它也启发我们注意历史辩证的一面：自以为势不两立的敌手，却往往彼此型塑。王汎森教授早年写《章太炎的思想》，即注意到章氏"暗中与康有为搏斗而又处处陷入康氏的牢结"的困境：康有为在名著《新学伪经考》中大力批判刘歆伪造儒家经典，章太炎则自称刘氏的"私淑弟子"，又拥刘歆以与孔子抗衡。"表面上看他是在和康有为争锋，其实他的思维方法与康氏是一样的"。敌人的敌人就是朋友，你要打击谁，我就来捧他——此类例子在思想史上比比皆是，然不论当事人自己，还是后来的史家，却往往忽略了其结果：论者从此陷入对手的思维逻辑，实际等于作茧自缚。

美国文化史家雅克·巴赞的《从黎明到衰颓》一书，提供了西洋史上一个同类故事。1517 年，路德推开宗教改革的大门，批判天主教会腐化堕落，垄断诠释《圣经》的权力；在他看来，与上帝的交通全不用教会和教士这类媒介，"人人都是神甫"，可以通过阅读和思考《圣经》，据其字面意思，直接感受真理。由于切中时代脉搏，路德新教迅速风靡。经过 30 多年的战斗，罗马教廷终于决定召集特伦多会议，邀请新教参加，共同商量教义，却被断然拒绝。虽然如此，路德的身影却时刻在会上晃动——会议对教会做了诸多改革，主要目标即在"纠正新教错误"，但它的"结果却把天主教信仰绑死在西元 1500 年，甚至更早之前的思想位置"。

巴赞指出，天主教会传统"一向极富弹性"，只要把握住核心信仰，其他皆可因时因地制宜，"不必受《圣经》牵制"。且"《圣经》不在一般人手中，只有神职人员识字"，他们思想活跃，带动了"西方心灵的前进脚步"。经过特伦多会议，思想的流动反而"被阻绝起来"。为了表明天主教也尊重《圣经》，会议采取了"按照字面解读经文的立场"。"这个举措纯属被动反应，全受新教对头左右而不自知。我们甚至可以说，伽利略的天文说之所以遭天主教会定罪，都是那些满脑子《圣经》狂热的革命分子辗转造成。"此前的思想管制主要针对宗教和道德，如今却扩大到"科学"领域，拉开了"科学"与"宗教"的战争。这"势不两立的二分法，只能为宗教制造出源源不绝的不信者（因为二分法强迫非此即彼的二选一），等于剥夺了许多人接受相信的机会"。

天主教会与新教竞争的结果，并没有像那个故事里的有神论者和无神论者一样，位置倒易，而是强化了彼此固有的立场，但在相互模仿和塑造这一点上，并无二致。巴赞提供的这个例子向我们具体展示了一对思想的对手怎样变成孪生子的过程：首先，一旦选定一个敌人，有针对性地对其做出回应，就意味着接受了对方的话题，从而堵住了其他各种可能的思路，限制了自己的思想境域。其次，假如要有意识地与对方做出区分，势必会分外凸显自己那被认为与对手"相异"的一面，甚至会刻意回避、遮掩与敌人"共同"的成分。问题是，所谓"相异点"未必就是准确的认知，有时甚至根本就出自论敌的"污蔑"，这样，反抗敌人的过程，常常就是一个人不自觉地走上被对方塑造的过程。最糟糕的是，思想论战变为人身攻击，以朋友和敌人划分讨论阵营，终致大家的人格一齐垮掉。

我们在历史上看到的，往往是不同派别彼此攻错，推动了社会更加开放、思想愈发深入；但也应注意到，并非所有论战皆可起到同样效果——巴赞讲的这个故事，就是思想经由论争而进一步封闭化、肤浅化的例证。众声喧哗，未必就是思想丰富、心灵自由的表现，它也可能是思想贫乏、心灵狭隘的结果。自许为致力社会进步的人，自然会因各种因缘，自觉或不自觉地卷入各种论争，但关键全在于我们的发言是紧盯着对手，还是对手的思想。前者乃是门户之见，后者才是真的百家争鸣。前者与人贴身肉搏，破口詈骂；后者立定脚跟，有自己的姿态，不会听凭对方界定自己，更不会选一个下等"对手"，和他一起抓头发，扯耳朵，使绊子，弄得不成体统。据说今日中国有这"派"那"派"之分，那么，他们到底是彼此型塑共同堕落，还是相互切磋更上层楼，鉴往知来，有心人能不审慎！

# 互为镜像的对手

　　大家都以为何伟亚是个汉学家。几年前，他来四川大学讲学，一开口，大家都笑了：这个"汉学家"不会说汉语！其实他汉语不好，并不是什么秘密。唯他也未必以"汉学家"自居：他虽以中国为研究对象，但更感兴趣的是西人在中国的作为，如《英国的课业：19世纪中国的帝国主义教程》，讨论的就是19世纪英人如何通过各种显性和隐形的(广义)"暴力"手段"教化"中国的过程。

　　何伟亚把英国对华战略放在其对全球权势格局的思索中加以解读。简单地说，就是要在两个意图间寻找平衡：既"试图让清政府更加合作更加顺从"，也"希望清王朝能够变得更为强大，使自己有足够的能力维护其领土主权"。直到第二次鸦片战争时期，英人的意图仍是"改变中国人对世界以及中国在世界中地位的观念"。在战后的外交磋商中，他们一方面表明自己"并无'恶意'"，以缓和双方关系；另一方面尽力展示自身"良好的品行"，以"减少"清朝对外人的"偏见"。

一般认为，帝国主义者在利益驱使下，"从头到脚每一个毛孔都滴着血和肮脏的东西"；何伟亚这里所云不免令人疑窦丛生：希望中国"更加强大"，这群侵略者岂非太过纯良？不过，若由此讶异而进入对不同文化认知体系的探讨，或可深化我们对双方行为方式的理解：对英国人来说，自由贸易是一项神圣权利，不可侵犯；国与国的平等关系也是不证自明的外交前提。清政府面对通商与建立外交关系的请求，却推三阻四，令英人颜面受损，必须通过一场"神圣的报复"加以恢复。但对中国人来说，是否答应做生意，权在我手，岂能使强？一群人不顾数万里风波险恶，骑着炮弹而来，还自称满怀善意，谁能信服？显然，不同的文化预设和特定的历史经验造成双方在认知上的巨大差异，至少是酿成悲剧的原因之一。

但这也不是说两种文化没有相类之处。此书英文原题是 *English Lessons*——"lesson"一词在这里语义双关，既有"课程"之意，又有"教训"之意。何伟亚说，这个灵感来自他看到的一张照片：1900 年秋，列强在北京处斩几位义和团民，而旁边的一堵墙上贴了一张汉语告示，乃是附近一家英语学校的广告。在何伟亚看来，这张照片简洁地提示了帝国主义"教程"的两个层次：既是武力的较量，也是文化的传播——后者正是我在前文使用"教化"一词的原因。显然，自居文明人并非儒家专利，也是大英帝国在"赚钱"之外的重要战略目标。不同的只是，儒家并不主张"好为人师"，英人却视传教为天职。

相似的不仅于此。西人长期流传着中国人好"面子"（face）的传言，在他们看来，这实是一种心智缺陷——由于不能区分权力的"影子"和"实质"，清政府官员"对未知事物有某种无端的恐惧"；然而他们又并"不是去积极地应对"，"而是建造起一堵傲慢自大和顽固无知的高墙"（这个喻相显然来自"长城"）。正是这一认知，决定了西人的对华态度。不过，如果我们把"面子"与对它的"过度应用"区分开来，就会发现，西人也并不缺乏"面子"意识。此书专节讨论了"新兴资产阶级男性身体"观在建构英国政治"主权"中的作用——这令他们对在中国皇帝面前叩头的要求感到分外屈辱。同样，欧人在战后各种"羞辱"中国的行为，也是维持其帝国"构建和再生产"的一环。我想，如果说这里存在着另一种"面子"观，恐怕不会太离谱。

总之，此书提供的不少史实，有助于我们打破诸多关于19世纪西方和中国相遇过程的刻板印象：原来，这交手的两方，在面目各异中，也不乏可以互为对方镜像之处。战争的起源，不仅由于各种文化观念的相左，有时竟也源于人性中一些基本因素的类似。那么，如此说来，人生岂非过于悲观？不过且慢，上述结论尚需略做修改：战争的源起，固然在很多时候是由于人性中一些基本类似的因素却通过各种相异的文化棱镜折射出来，因而不免彼此误解，以为非打仗不能解决问题；但若我们能透过文化之异，看到人性之同，虽然并不一定从此便相安无事，至少也可以减少一些误会，多一点沟通，而沟通是和平的前奏。

# 走出"未来"

　　《二十世纪的教训》收录了英国思想家卡尔·波普尔在 20 世纪八九十年代的几篇访谈录和演讲稿。其时，东欧、苏联的社会主义制度纷纷解体，稳定了近半个世纪的国际政坛风雷变幻，波涛汹涌。早在 1945 年，波普尔就写出了《开放社会及其敌人》这样一部激烈批判极权主义的著作，此刻，坐在人生的暮色中，目睹眼前的一切，他会想些什么？

　　波普尔以自由主义思想家闻名于世，但他并不从来便是一个自由主义者。17 岁，他就参加了共产党的活动。几个月后，又与他们渐行渐远。根据波普尔的回忆，这首先还不是出于思想方面的原因，而来自实际的交往经验：他的那些左派朋友变得太快，"只要莫斯科来一通电报，他们的态度就可以有 180 度的转变，前一天才说过的话，到第二天可以整个倒过来，对人的态度也是这样"。在他参加的一次示威活动中，六个年轻的群众被警方枪杀，这促使他直接放弃了共产主义——不是因为畏惧，而是良心的自责，因为他发现，是那些领袖故意把情势说得很坏，才促使群众情绪激奋，涌上街头，"这是革命、大革命必备的要素之一"，却使波普尔因此陷入歉疚。他认为，一个人可以牺牲自己的一切，但即使是"政党领袖也没有权力叫别人牺牲，叫别人冒生命危险"（历史学家托尼·朱特在他临终前的对话录《思虑20世纪》里，也回忆了他那位社会主义者父亲讲到英国共产党人的类似德性）。

这种反思促使波普尔从一个激进立场中退出来，他后来在《开放社会及其敌人》里对"全盘性"解决问题的思维方式的批判和对"零敲碎打式"解决方案的提倡，显然都和这段短暂而令他刻骨铭心的经历分不开。这同时也促成了他对"历史决定论"的批判。波普尔所谓的"历史决定论"是这样一种主张：这些论证"认为历史是一条有源头的河流，他们可以弄清楚它会流到哪里去，也认为他们有足够的智慧可以预测未来"。问题是，我们怎样才知道历史的流向呢？这就不得不引出"历史规律"这个概念。只有掌握了历史发展的必然规律，这一切才成为可能。但历史规律是否存在，又如何为我们所知？至少目前仍是众说纷纭。不过，波普尔最感兴趣的却不是知识的辩论，他反对历史决定论，首先是因它"在道德上不正确"。

预测未来，会在道德上承担什么风险？这就要再次回到波普尔的那段经历了。对一个自以为认清了历史前进道路的人来说，那不可逃避的未来才是最重要的，任何反抗皆属无谓——假如这个未来是一个完美的世界，那我们不但必须顺应，还理应向往；对它的反抗不但无谓，而且无耻。在这个美丽而必然的未来面前，不管是历史，还是现实，都要被超越，被批判，因此势必也要被放弃。为了未来而牺牲眼前的所有，包括生命在内，都是值得的，它好比一笔投资，用眼前的蝇头支出换来巨大回报。

这个观念的影响是世界性的，而现代中国人对此尤为熟悉。早在 20 世纪初，梁启超就介绍过美国人颉德的"未来主义"："进化之义，在造出未来。其过去及现在，不过一过渡之方便法门耳。"因此，"死亡"成为一件无上光荣之事："物之所以有生，其目的必非在自身也，不过为达彼大目的（即未来之全体）之过渡而已。其所以有死，亦即为达此大目的之一要具也。故死也者，进化之大原也。"不过，20 年后，梁启超在批评苏俄要人民"为将来永远幸福"而牺牲"一时"的做法时，已经意识到这不合"天理人情"：实际上，"将来永远幸福这句话，根本上已不能成立"。

然而，这个提醒并没有引起足够的反响，中国人继续把一切都押在"将来的永远幸福"上，义无反顾地走向了一条"未来主义"之路。在那个"大目的"的吸引下，不但悠久的历史成为沉重负担，被弃之道旁，眼前的任何幸福，也都显得微不足道。于是，直到今天，还常有人习惯性地理直气壮地要求我们，为了“将来”的各式各样好东西，暂时牺牲一下自己的健康、房子、新鲜空气、宁静生活……

是的，是的，为了一个新世界，我们确实必须暂时牺牲一点什么。可是，如果这“暂时”拖得太久，牺牲太多，以致刚刚上路，就已一无所有，那个新世界对我们还有什么意义呢？

好在历经折腾之后，今天已有不少中国人逐渐走出这种不由分说的“未来”幻象，回到更加现实的土壤上。我们知道，未来并不是一个确定的答案，它取决于我们如何“放眼现在”，如何“向过去学习”，以更为审慎的态度“试着改善眼下的局势”，而不是盲目乐观地歌颂未来。正如伏尔泰的小说《憨第德》的主人公对一位极度乐观主义的哲学家所说：“你的话很棒，但我们还是必须栽培自家的花园。”我们是该从那些“很棒”的话里走出，埋首栽培自己花园的时候了。就此而言，重温波普尔这本著作，对我们也许已经太晚，但显然还未过时。

# 人权如何可能

　　"人权"是当代中国争议最大的问题之一。是否存在一种普世人权？如果存在的话，它是否因过分抽象而无法落实，以致毫无意义？人权的首要内涵是什么？人们对这些问题一直有不同答案。厘清这些争论，是一个复杂艰巨的任务。但将人权概念的发生还原到实际历史语境中，无疑是关键一步。在这方面，美国史家林·亨特的《人权的发明：一部历史》是近年出版的一部重要著作。

　　林·亨特是"新文化史"的领军人物，身处当代世界最著名的史家之列。她主要从事法国大革命时期的研究——这个主题一向处在史学研究的中心地段；而人们一般认为，新文化史家更愿意注重那些日常的和边缘的历史。显然，这两种取向看起来并不相同。不过，林·亨特对宏大历史主题的探讨并不囿于传统路径，而是一面打破人类各种既定的认知范畴的藩篱，一面深入伟大历史时期普通男女的日常生活，在看似山穷水复之处，开辟了柳暗花明的新村。

按照常规思路，"人权的发明"这个题目属于思想史领域，学者通常会通过对史上最具影响的一些思想文献的分析，追溯这一概念的产生、演变、深化、传播乃至变形的过程；最多再辅之以若干政治事件，以探讨人们如何通过发表宣言、组织团体、示威游行、议会斗争等手段，一步步把人权从理想变为现实。林·亨特的著作当然也包括这些，但她毕竟是高手，思路与众不同。她指出：人权的发明"既取决于理性又同样取决于情感"。其理性一面可以通过思想史的分析解决，其情感一面则是单纯的思想史研究无能为力的。再说了，"情感"模糊多变，崇尚"实证"的历史学又如何把握它？

林·亨特是从"同情心"切入的。她强调，人权得以实现的一个前提是人们具有"移情"能力：相信那些被压迫、被凌辱的人拥有同自己一样的灵魂与血肉之躯，对他们的痛苦感同身受。"如果没有这个认识过程，'平等'就不会有深刻的意义，尤其不会有政治的后果。"不过，我们又该怎样捕捉一个时代"同情心"的走向？林·亨特进一步细化了问题。此书特别值得推荐的是第一章和第二章。第一章讨论书信体小说在18世纪欧洲的流行怎样创造一种"平等"的想象；第二章讨论人们怎样从观赏酷刑到无法忍受进而废止酷刑，其中特别关注了这一时期音乐、住宅、肖像等方面的变革所体现出的"独立的个人"观念如何导向了一个司法结果：疼痛和身体

"只属于个人，而不属于社会"，因此，个人不能为"社会的利益"（如杀鸡儆猴的威慑作用）做出牺牲，包括犯人。

这样，读小说、听音乐这样一些看似完全琐屑的日常活动就和人权的实现这样一桩宏伟事业连在了一起。对这些段落的细心研习，无疑有助于训练读者的创造性思维能力。不过，在今天的中国，林·亨特这本书的意义绝不仅是学术上的。她的讨论意味着，人权绝非一个抽象的政治概念。它不是漂浮在意识形态天空里的缥缈云朵，而建立在我们最普通的日常生活和情感之上。只有返回人之为人的一些基本属性，比如同情心和个人的尊严感，人权才能落到现实土壤中，慢慢生根、发芽、结出丰美果实。因此，与其在概念的圈套里打转转，欲毕其功于一役，不如在耳目所及的日常生活范围内，启发人们一点一滴的慈悲之念。

事实上，同情心是中国文化传统中最丰厚的资源之一，打开儒家经典，可谓俯拾即是；但近年来，在浅近的实利主义风气笼罩下，却迅速沦为稀缺资源。另一方面，一些学者拾得教科书上的几条公式，以为推动民主和法治，只要盯住"制度"二字，即可奏效；谁要从道德和情感入手，肯定是迂腐不堪，于事无补，甚至是"人治"观念的残余。这两种环境显然都不利于同情心的成长。当然，我绝不是说制度的建设不重要——恰恰相反，人权观念必须制度化，才能产生实际力量；但问题是，人权得以发生的土壤中，难道仅有"制度"这一项营养吗？且"制度"是否不依赖于其他的一些要素，而可自生自长？对此，林·亨特的著作提供了一个"出人意料"的答案，不管我们是否同意，都必须认真对待它。

# 地方的，也是中国的

《胡适口述自传》是部名著，使其出名的与其说是"胡说"，不如说是"唐（德刚）注"，借题发挥，不拘一格，很有点"笔记"味道。比如，胡书开篇先讲家乡，唐注便是一大套：

> 胡先生毕竟是科举时代出生的……所以他头脑里仍然装满了"科举时代"的许多旧观念。在那个"太后垂帘"的宗法社会里，由于"籍贯"对一个士子的"出身"有极重要的影响，所以"读书人"一碰头便要叙乡里、攀宗亲、谈祖籍，尽管有些"祖籍"，他们连做梦也没有去过。这是我国几千年来安土重迁的农业社会，向工业社会发展途中的一种社会心理上的后遗症。这个传统在一个流动性极大的工业化和现代化的社会里，是很难保留下去的。

胡适那一辈新派读书人身上确实都有不少"农业社

会"的观念，而重要的是，这些观念又正是他们有意要颠覆的。早在清末，"废省界"以至"废县界"的意见就在趋新之士中流行起来。按胡适自己的说法，他所在的"中国公学"之得名，就是因为此校系由"各省公共决议的，无所谓省界"。这一取向成为彼时不少读书人的自觉意识。胡适的好友任鸿隽就曾说："吾中国人自命为中国人足矣，于此中复自画为某省某县人，有何意义?"

清末的"废省界"观念受到民族主义思想的深切影响，其基本思路是，"某省某县"这种分散性的地方小认同，不利于"中国"大认同的形成，因此，为了"合群"以凝聚"国民"力量，就必须废弃各种地方意识。无独有偶，钱穆与冯友兰也曾发生过一次争论。钱穆提出："吾侪今日当勉做一中国人。"冯友兰则说："今日当做一世界人，何拘拘于中国人为?"钱穆反驳道："欲为世界人，仍当先做一中国人，否则成为日本人、美国人均可。奈今日恨尚无一无国籍之世界人，君奈之何?"

冯友兰与任鸿隽的论述重点不同，但思路如出一辙，都有以"大认同"取代或者涵盖"小认同"的倾向。自然，在有些情形下，地方、族群这一类"小认同"确可对国家、世界的"大认同"产生阻碍力量，但更多时候，二者关系是极为复杂的。20世纪初，就在不少人高喊"废省界"的同时，"地方自治"的思想也在盛行。这种思想认为，国家由地方组成，要爱国，必当自爱乡始。其时上海一位热衷地方文化研究的人士就指出："国者，乡之积也"，以乡土知识教人，正可"动其爱乡之心，引而致于爱国也"。1903年南洋公学一位学生也说，故乡乃是祖国之母，"爱祖国而不爱故乡，与爱人子不爱人母何异？"这样，地方认同不但无阻于国家的大认同，且正是国家意识得以成立的一个前提。

其实，这种看法在中国文化中并不稀奇。钱穆先生曾说，中国士人"心情所寄，不在乡土，而在中国，在天下"，其杰出者"决不为一乡一里之士"。但这又绝不在形迹。对于儒者，由一身至于一家、一国，以至天下，或由天下退至一身，皆是一以贯之。实际上，常有人终其一生，足迹不出乡里，而关怀所向，仍不失为国士、天下士者，正因在一隅之中也可窥见整个国家以至天下之故也。相反，离开乡里这一层次，国家、世界也全都成为虚悬之物，空空洞洞，难以把捉。毕竟，每个人生下来首先面对的，都只是他周边那个和别处不同而更为具体的"小地方"，只有从这个小地方出发，大世界才会一步步展开。

另一方面，中国传统的认同层次原本极为多元，各自相异的认同维度完全可以共存。但20世纪中国走向"工业社会"的过程中，更多地注意了这些认同相互排斥的一面，使得我们的认同感呈现一种简化趋势。问题是，正如生物的多样性一样，文化和认同的多样性也为人们应对各种危机提供了更广阔的启发。然而，随着地方、族群这样一些"原生性"认同被一个更为"标准"的中国认同所覆盖，甚至被当作导致"分裂"的元素加以拒斥，"中国"概念本身的丰富性亦在逐步流失，这对于我们因应未来各种变局的能力会产生什么样的影响，也值得深思，至少，今日看来，当年唐先生意气风发地宣判乡土观念在"工业化和现代化社会"里的死亡，考虑得太过简单了些。

# "不发展"的权利

　　不久前遇到一位贫困地区的干部，抱怨当地山民"不开化"——他们家徒四壁，却不爱劳动，也不出去打工，每日只是坐在山头的破草屋旁边喝酒、晒太阳。政府最初发给他们一些扶贫补助金，转眼都被拿去买了酒喝；后来改变方式，在山下给他们盖了房子，每人分了一块田，但没过一个月，山民又纷纷跑回山上，仍是每日坐在破草屋旁喝酒、晒太阳。说起此事，这位干部直呼这些山民为"扶不起的阿斗"，而又无可奈何，唯有摇头而已。

　　我绝不怀疑政府扶贫的真诚和力度，然而，被帮扶的对象毫不为所动，确是匪夷所思。不过，换一个角度看，这种"公仆"代"主人"谋发展的思维亦不无越位的嫌疑。毕竟，一个人选择过什么样的生活，最有决定权的还是当事人自己。在不违法、不干扰他人生活的情况下，旁人只能提出建议，绝没有越俎代庖的权利。

　　当然，我猜当地官员对这套说辞恐怕并不服气，因为他们这样做意在促进当地的发展，而所谓"发展"也者，又有一套标准化模式，其长远目标大约是学习上海、香港乃至纽约、东京等大都会，最切近的表现则是每年上报的 GDP 数据。而这其实也不仅是当地领导独有的想法，目前整个中国社会都生活在这种"发展"氛围中。但很少有人进一步思考的是，发展的目的究竟何在？

记得 20 多年前曾听过一个放羊小孩的故事。记者在西北地区遇到一位牧童，问他长大了想做什么。小孩回答：结婚。结了婚干啥？生小孩。生了小孩做啥？放羊！当时的中国刚刚开始发展，很少人预想到 20 年后是一幅什么样的景观。这个周而复始的放羊故事被许多媒体转载，主流舆论猛批中国人不思进取，提的问题很尖锐：如果放羊的目的还是为了放羊，这样的人生有何意义？

今天重新回味一下这个似乎已经有了定论的故事，我想，故事的版本可能会换一个样子：挣钱是为了买房子，买房子是为了结婚，结婚之后要生孩子；孩子长大了，又要挣钱、买房、生更多的孩子——这其实正是身处"发展"之中的多数人的生活实况。对人们来说，这样的生活或不能说有多么愉悦，但至少代表了一种"正确"的目标。然而，这和那位牧羊儿童的理想又有什么本质的差别？20 年过去，我们在人生理想方面，真的"发展"了吗？

　　说穿了，幸福系于个人体验，而感受这个东西又原本各自不同。如果让当事人说，年复一年的牧羊和每天坐在破房子里喝酒，很可能要比在大都会里终日奔波、辛苦谋生更加幸福。但在"主流"舆论看来，这种安于现状的态度误把贫困当作幸福，正是其有待开化之处。不过此处的关键是，当事关生活目标的选择时，当事人的看法应放在何种地位？对此，不同学科的立场似也不尽一致。对以追求"客观规律"为目标的"科学"来说，一旦掌握了"标准答案"，当事者的主观感受原可忽略不计。但历史学和人类学这类学科则要求应尽可能按照研究对象自身的立场和逻辑解释其行为，当事人的想法是首先要考虑的。

　　这两种思路也许并无高下之分，或者更应互补。不过，目前中国对政策施加影响的似以社会科学家为主，从事历史学和人类学的学者较少。从"急需"或至少是"补充"的角度看，官员若经过一点历史学和人类学的训练，在制定政策时，对治下的民众多一点"了解之同情"，而不是不假思索地按照"标准答案"行事，效果恐怕要好得多。

　　事实上，民众对生活方式的选择，也不完全是主观的。《礼记·王制》曾提出"修其教不易其俗，齐其政不易其宜"的原则。宋儒陈澔解释说，这是因为各地气候与地理状况不同，"民生异俗，理有固然。其情性之缓急，亦气之所禀殊也。饮食、器械、衣服之有异，圣王亦岂必强之使同哉?"这个道理极为关键。一个地方的人,生活方式是与其所处的环境(包括自然环境和文化环境)相匹配的,虽然当事人未必说得出什么道理,但其最基本的幸福感就建立其上。若要"强之使同",或可能使其难以继续生存下去。

如果我们承认,发展的目标是为了使人民的幸福感更为充沛,那么,"不发展"作为一种人生方式,应该也是一种发展的形式,代表了一种不可剥夺的权利吧?

# 薄幸和博爱如何可能共存

　　早知罗素浪漫多情，读过瑞·蒙克的《罗素传：孤独的精神》，才晓得他是风流成性。这本700多页的厚书，大半篇幅写他的感情遭遇，远超其哲学思想。事实上，此书只写到罗素人生的半程，而爱人的名单已多到一目无法了然。不过，对读者来说，这该无多少损失，毕竟没几个人搞得懂"数理逻辑"，而爱情则是雅俗共赏。

　　依我迂腐之见，在已出场的至少八位情人中，罗素最对不住两位：他的第一任太太艾丽丝和美国小女生海伦·达德利。

　　罗素17岁爱上艾丽丝，经过与家人激烈抗争，五年之后，与之结为连理。但是，又过五年，罗素爱上了同事怀特海的妻子伊芙琳。他认为怀特海完全没有理解伊芙琳，后者生活在"绝对孤独"中。这激发了他狂热的爱怜，同时也促成他整个人生观的巨变：从一个"帝国主义者"变成"和平主义者"，开始"思考如何让爱情弥合鸿沟"，武力为何"邪恶"不堪。毫无可疑，罗素通过个人情爱的小溪，游进了普世之爱的大海。但这个爱着全人类的人，却偏偏忘记有一个人最需他的关爱：他对艾丽丝由冷漠到反感，更背着她偷情不断，却全然不觉自己薄情寡义。

海伦是罗素 42 岁访问美国时遇到的女孩，认识不久，就同床共枕。罗素激动地邀请女生一个多月后就来伦敦，并且答应与她结婚。但仅仅过了 20 几天，回到英国的罗素再次和他的老情人奥托琳打得火热，从此拒绝再见如约而至的海伦。后者每天去敲罗素家门，渴望见上一面，罗素屏息静坐，充耳不闻，有时甚至和奥托琳颠鸾倒凤，作乐不休。其凉薄刺骨，寒过冰霜。可也就在这一时期，罗素不顾举国若狂的民族主义激情，坚决反对英国参加"一战"，即使面对辱骂与恐吓，也从未退缩。

这两个罗素，一个薄幸，一个博爱，看到前一个，我们会以为后一个是伪君子：曾经挚爱，转瞬寇仇，你如何相信他爱着全人类？然而，罗素的举止并无作伪，两个对立面的确并存其身。哪怕笃信某一价值，一个人仍会做出许多违背此一价值之举。此类情形，并不鲜见：因相信普遍人权而领导美国独立的华盛顿是个奴隶主，"只手打孔家店"的吴虞则满脑子特权观念。人们通常设想的那种高度统一的人性，现实中很少看到。罗素这样一位伟大的逻辑学家也无法逃脱充满矛盾的人性常态，我们本该见怪不怪。

不过，人性自甘矛盾，只是问题一面，有时则是因为人未曾察觉到此中矛盾，或隐约意识到而不愿深究，自己找个借口，遂把注意力转向远方。一般情形下，人们很少用自己钟爱的价值回视自我，因而留下大量道德盲区。这不是说他对那价值爱得不深，而可能恰好相反：他因太过热爱某项价值，完全投入其中，因而忘掉自我，又如何"三省吾身"？

更重要的原因来自人的认知习惯。我们对生活的接触，既是直接的，也是间接的。直接的经验鲜艳活泼，却无法自我定位，必须交由一套语汇、范畴和观念来诠解。这种习惯造成人们往往下意识地把生活分作不同领域，采用不同的处理原则。很多时候，这样做确实既高效又实用；但它也常使我们忘掉生活本身乃是一个整体，在某些方面适用的价值，有时（此二字要紧）在其他方面也同样适用。在这种情形下，我们往往会忽视，自身的言行已经违反了自己信奉的原则。道德盲区的存在，好比阳光灿烂的大宅中一间被人遗忘的小屋，必须打开房门，放入阳光，其内部情形暴露无遗，才有改进契机。此一过程可能相当痛苦和艰难，但却无法绕过。

这一点解释了一种历史现象：为什么那些为人类所珍视的原则，往往需经数十年乃至成百上千年，才会缓慢地从一个领域推向另一个领域。此外，它也提示我们两点：首先，不要因一个人言行存在矛盾，就将其打入伪善一群，更不必因此否定价值本身的意义；其次，假如不去自我审视，努力打扫自己认知中的道德盲区，就没有什么价值会自动现身——无论我们多么热爱它们。

# 受苦人的强权

　　小说《拾翠羽》中的男主角因为缺乏足够的道德想象力，无力体会与自身经验不同的另一种痛苦，而导致悲剧发生（参见《仙女是用来奖励老实人的吗》，已收入本书）。他的无知是双重的，不仅对他人，也对他自己。他从未走出自幼习得的观念，以为自己所见便是整个世界，当然不能明智判断自身处境，更谈不上体会别人的处境；他也认为，世界一向如此，地老天荒，除了接受，别无可能。可是，这个故事告诉我们，一个人在世界上的位置，并非不变：这个偷抱了仙子衣服、强迫人家嫁给自己的庄稼人，属于不折不扣的底层民众、弱势群体，但在这事件中，他是暴行的直接来源。

　　我们当然不能据此断言他就是个坏人；按照某一标准，他甚至可说是善良的，而这也正是他对自己的期许。故问题显然不出在他个人品行方面，而是出在道德标准上：什么才是"善"？当然，要回答这个问题，前提是我们相信有"善"的存在，而有些人是不承认这一点的。在他们看来，道德不过是"统治阶级"蛊惑劳苦大众的鸦片。与他们的看法不同，我认为，有关"善"和"恶"的概念本身就包含了一些重要且具普遍性的道德质素，即使它们也得到了"统治阶级"的宣扬，亦不能构成它们被否弃的理由。相反，正是这些概念提示出的道德立场，才为我们反对各种形式的压迫提供了基础。因此，我们应该通过扩充道德想象和推理能力，揭示那些因无知而被掩埋于伦理教条下的痛苦面相，以切实维护并推进这些道德概念施行的疆域。

在理论上，任何一次犯罪都有一个具体的施行人。但此人是否就应为此罪行负主要责任？答案不是一定的：有些是，有些不是。在后一种情况下，重要的不是仅仅惩罚罪犯，而是反省导致此一现象的机制，推动其变革。在此故事中，除了观念原因外，我们也必须关注强权的性质和来源。

一个受苦人，成为施暴者。这一事例表明，人在社会权力网中的地位要随着情境的不同而改变。相对于统治阶层，穷苦民众当然是受压迫者；但民众中原也有各种不同角色，很多人不乏在他人面前扮演一下"压迫者"的机会，如丈夫之于妻子、父母之于儿女等。此时我们不能简单地把他们看作受苦人中的一员，也应注意他们同时也是权力的承载者和施行者；他们有充分条件，把自身所受迫害转移到别人身上。但我们却往往倾向于根据一些显见指标(特别是经济指标)，对人的社会地位加以固化理解，因而，穷苦人永远是受害者，他们对更弱小者的欺压，被有意无意忽略了。而那些自认属于受压迫阶级的人们也更容易接受这一思维，因为它使人逃脱了良心自责。

这种认知误区的一个结论，是依据所谓社会阶级或阶层，把道德区分为不同种类：某些原则既被统治者垂青，则劳苦大众一旦遵守，必会自陷牢笼。在此，道德似乎与"人"这一普遍性概念无关，而只是依附于某一特殊社会地位的说辞。另一个结论是，受苦阶层具有道德的豁免权，对待他们的唯一正确态度唯有同情：一个一无所有、吃不饱、穿不暖、连老婆都娶不上的人，你还要求他尊重妇女，岂不是过于苛刻？实际上，这就是我看到的对拙文的一个回复。它荒诞得过于明显，我相信很少有人赞同，但或许也很少有人意识到，这一谬说的出现，正和前述的认知误区连在一起。不反思这种固化的思维方式，我们很难保证自己不与这些谬论殊途同归。

既然在某些方面处于弱势的人可能在其他方面占据强势，那么，我们要反对的，就不只是弱者被欺压的"现象"，而是"强权"本身：任何时候，任何人，只要不公正地剥夺了其他人的尊严、权利、劳动成果，他就是压迫者。我们在日常生活中不乏见到，一些身处底层的人，一旦掌握一点小小的权力，便立刻利用此一优势，对需要有求于自己的人耀武扬威。在那一刻，他们采用的手段乃至流露的神情，也多半和"统治者"极为神似。他们是从平日迫害自己的人那里，习得了压迫别人的技术。这不是他们缺乏良知，只是反映了强权的威力巨大，使我们下意识地去认同于它，并因此复制并强化了强权的暴力。

　　一个人并不因自己受苦受难就天然具备道德优势，或天生具有排斥强权的抗体。对很多自居底层的人来说，这个事实难以接受。可是，不承认，它并不就此消失。要真正打破强权，以现实和稳健的方式推动社会变革，我们就必须改变对社会分层的固化思维，采用一种更动态的眼光分析每个人在权力网络中的多样角色，这样才能更清晰准确地界定自己和他人的道德责任。那种囫囵吞枣的认知模式，则只能使压迫变得隐蔽、深入、普遍。

# 永远站在弱者一边

　　我最初耳闻姚大力老师之名，主要因他是一位蒙元史专家；后来得到一些请益机会，知道他对整个中国民族史都有独到而富于同情心的见解；最近获读其学术随笔集《读史的智慧》，发现其学域之宽广远超我的想象。在某种程度上，他就像自己笔下的草原民族，过着游牧般的学术生活：早期的汉字书写、宋金元的道教生活、欧洲近代的殖民扩张、19 世纪西方列强权力格局的演化，皆在其阅读思考范围内（当然不须说，在自己的专业领域中，他则是深耕细作，成就斐然，有目共睹）。更使我意外的是，姚先生曾对自由主义政治哲学下过一番切实功夫。这直接地体现为书中几篇评述密尔《论自由》、茨威格《异端的权利》和徐复观政论的文章，间接地，则是全书许多篇章背后所弥漫的一种立场，不动声色，偶露激昂。

　　这立场的核心观念，我们可以在他对拉铁摩尔的一段评论里找到："拉铁摩尔确实具有某些与针对他的所有这些臧否相关联的性格特征，那应当就是他对于边缘人群的天生同情心，和过于简单、因而也是他特别容易受蒙骗的理想主义眼光。"因此，"当年在包括日本在内的列强与遭遇其侵辱的中国之间，他站在中国一边。在清朝、民国政府与饱受不平等待遇的中国各少数民族之间，他站在少数民族一边。在蒙古僧俗上层和被他们欺压的蒙古大众之间，他站在普通平民一边"。一句话，在强权与弱者之中，拉铁摩尔永远选择站在弱者一边。

这是典型的"仁者见仁"，因为它就是姚老师自己的立场。身为一位专业史家，他在不同场合，反复呼吁反省和批判"大汉族主义历史观"、充分理解少数民族的"情感、意愿与主张"的重要性。或许会有人以为这话只是一句"政治正确"的口头禅，缺乏理论原创性。但这是不相干的。若把它看作一句口号，确是"卑之无甚高论"，但并不减弱它在实践上的必要性和紧迫性：想想看，有多少汉人学者和干部不假思索地以少数民族代言人自居，却从未曾想过，自己应该哪怕只是粗浅地学习一点少数民族的语言——语言是一个民族梦想和经验的家园，其中浸透的世界观不能轻易地为另一种语言所通约。如果连这个基本原则都被忽略，任何高调都会失去起码的道德音准。因此，仅仅这一事实就告诉我们，"大汉族主义"仍是许多人思维的潜在起点。如何"更多地引入少数民族自己的各种叙事和声音"，沿着其自身的意义与逻辑脉络去理解其言行举动，仍是一项艰巨的学术和社会任务。

　　单从学理来看，这一呼吁的确展示了中国史学界最近 20 年来逐渐形成的一个共识：每一个人、每一个群体、每一种文化皆有其不可化约的个性和平等表达自我的权利，并不存在一种能理所当然覆盖他者的全景视角，因此，在任何情形下，我们都应着力将他者作为一个"主体"来认识。事实上，在这些"政治正确"的言辞背后，有一道目光，悲悯地投向我们历史观念最为幽深之处：历史是否只是强力意志的体现，而所有的"边缘"人（群）只合做个配角，说完规定台词便倒下牺牲或匍匐在地？

　　在姚先生那里，这道悲悯的目光所及之处，不只是民族和边疆。书里有一篇《另一半东林遗事》，涉及一个更普遍的现象。明季东林党中那些威武不能屈的"大丈夫"，历来备受史家瞩目，而姚先生在此之外，又多了一重关心：那些东林党人的家属有何遭遇？无论是否心甘情愿，她们都不得不去分担儿子、丈夫、父亲的凄惨命运，然而在"传统历史叙事"中，她们的身影却一向处于道义光芒的照耀之外。看到这里，我猜不少历史系的年轻学子会拊掌称叹——打捞失语者，已是史学大潮，那些为政治迫害波及的眷属，却至今尚未获得正面描绘，姚老师的选题技巧真是高人一招！

　　可是，且慢，先来读这段话："党锢诸人甘戮如饴、杀身成仁，尚得以道德英雄的形象流芳于后世。他们的妻子仅因'罪人'家眷的无辜身份而横被祸延，受尽荡产倾家、颠沛流离的困厄，却几乎如同什么也没有发生过那样地一概被历史与后人遗忘。这公平吗?"读完这段话，我们会不会觉得，如果仅仅从职业规划角度来理解这篇文章的意义，是不是太过轻飘，乃至势利? 使失语者发声，最初正是建立在那些有良知的历史学家们对既往学术盲点的道德反思之上，但随着它日益成为一股潮流，在今天的很多学人那里，实际已沦为一种学术利益的算计结果，其目的不过是在一场智力马拉松中迅速出人头地，这样，"自下而上的历史"乃真成为一句"政治正确"的口号。然而，这样的心灵真的能听到历史车轮碾压下的细微哀鸣吗?

在此基本立场上，姚先生绝不稍加退让。比如，对好评如潮的《让子弹飞》，他就不买账——因为这影片"毫无顾忌地把普通人民当作可以肆意践踏的形象来表现"。

不过，有必要提醒的是，我们不能把姚先生的意思理解为，凡"普通人民"的所作所为便天然合法。作为独立个体，每一个"普通人"可能都是弱者;可是，随着他们被集结、利用和操控起来，组成一个"集体"，就很快化为强权机器的一个齿轮，理直气壮地参与对"少数人"的迫害，哪怕后者原是他们的家人和邻居。对此危险，姚先生有着清醒自觉。他强调，即便是"国家"，即便是为实现一个"政治上正确的目标"，也"不能肆无忌惮地践踏少数人或者哪怕只是个别人的合法的个人权利"。警惕"大多数人的暴政"、保护"个性",乃是自由主义传统中最可贵的思想准则之一。18世纪以来的历史告诉我们,以个体方式存在的"人",一旦为"人民"和"国家"的集体镜像所摄,很容易就成为极权统治的帮凶;而暴民政治的终端,必定站着一个暴君。这是"现代"政治权力的结构性特征。要防止"国家"和"人民"的名义被盗用,就必须从保护作为"个体"的"人"/"民"入手。

我想补充的是,从类似现象出发,我们也应进一步注意到,"弱者"不是一个固定不变的"身份",而是具体社会情境格局下的产物。一旦情境改变,也许只是转瞬间,面对不同对象,有些"弱者"便立刻变身"强权"的一部分——比如一个在外受气、回家打老婆泄愤的小工。因此,站在弱者一边,不只是针对个别弱者的同情,更根本的是对社会权力场格局的反省。这要求我们在一个动态的社会网络系统中观测强权的运行轨迹和方式,兼从"角色"而不只是"身份"的角度观察人——"角色"由特定社会情境决定,"身份"则受制于宏观的社会结构,这两种视角,一个也不能少。其实,仅就概念而论,强弱与对错本属完全不同的范畴,彼此并无直接对应关系;但在实践中,权力场的结构特征却决定了,弱者往往缺乏必要的保护,更容易成为强权的牺牲品,因而也更值得予以特别保护——可是这的确不是说,"弱者"本身就代表了正义所在。

所以，要研究强权，就不能不研究"弱者"。首先是因为，弱者是强权塑造的结果，从他身上才能清楚分辨出强权的实际效应；其次也是因为，有一种强权正是通过将自我界定为"弱者"而获得合法性的。姚先生书中《走调的"终战"纪念》一文，谈到日本右翼势力对年轻一代历史记忆的扭曲，而他们所使用的一个基本手段，就是反复陈述、展示原子弹给广岛、长崎人民带来的苦难，却丝毫不提南京大屠杀、慰安妇等暴行。对此，姚先生指出，包括日本普通民众在内的所有人，在战争期间所遭受的痛苦，都"理应为世人所牢记"，可是，这绝不等于"正义与非正义"之间的区分是不必要的。事实上，在我看来，只有厘清正义和非正义的界线，才是处理战争遗产的唯一方式，否则，任何片面的宣传只不过是在为下一轮战争埋设伏笔而已。这一实例提醒我们，"受害人情结"如何可能成为一种歪曲事实的手段：其中的关节点就是将"受害人"的身份孤立化、固定化，切断它和历史前后文的内在关联，而抵抗这种歪曲的最佳方式就是反其道而行，将其重新放回关联互动的历史脉络中。

站在弱者一边，并不代表无视于具体的现实情境和社会利益，一味徒唱高调，相反，它更需要我们对人类社会诸种权力与利益因素的频密互动及其多元后果保持足够的敏感。身为史家，姚先生对历史的吊诡之处有着深刻的了解，这保障了他不会把充沛的道德情感直接转化为历史判断的唯一尺度。他很清楚，历史绝不是按照线性的伦理运转的，相反，"是历史的'合力'，将人类所蒙受的很多灾难性事件转换为推动他们福祉的客观条件"。在实际的政治和社会困境面前，简化人类互动的复杂效应，不但无助于问题的解决，甚至会导致后果与初衷背道而驰，使得人们的道德热情陷入进退失据之中。

明白这一点，对于我们直面今天这个世界，尤为紧要。这是因为，最近几年欧洲所发生的一系列暴恐事件和移民潮所引发的社会危机，已经使得"政治正确"原则声名狼藉；甚至有人提出，正是西方人对殖民主义行径的负罪感，为他们的对手打开了野蛮复仇的大门。按照这种逻辑推论，我们似乎就只能认定：历史是铁血铸就，丛林法则是唯一的选项。

但问题是，"政治正确"原则所遭遇的危机，是它本身的必然结局，还是人们对它使用失当的结果？姚先生的观点显然倾向于后者。在一篇讨论中国当代大众文艺创作的随笔中，他敏锐觉察到"口号式的'政治正确'"对"真正意义上的'政治正确'"的损害，只有艺术家不再僵化地理解这个原则，"才能在自己的作品里充分表现出'对复杂性的回应和关怀'的不朽的人文主义精神"。姚先生所说的"复杂性"指什么？我们为何要对其加以"回应和关怀"？按照我的理解，这个"复杂性"是人性本身

（包括其不可避免的脆弱）和人事处境的多层次、非线性互动的表现，这使得我们很难在其作用力和结果之间勾画出一条简单的对应线索。这一原因决定了"政治正确"不同于一时的慈善冲动，更不等于对其字面意思的简单执守。在将其付诸实践的过程中，必须充分评估各种相互冲突的原则和局部利益的关系：它们组成了一个雷区，这个雷区无法单靠理想主义精神凌空飞掠，而只能在现实主义原则的辅助下，以戒慎恐惧的态度小心穿越；可是如果没有理想主义光芒的照耀，我们又如何辨别眼前纵横交错的泥途？

这一结论的适用范围当然不限于艺术创作，也一样适合于历史研究。姚先生不赞同把蒙古帝国的历史简单地等同于野蛮对文明的征服，因而对杉山正明等人的著作予以了积极肯定，但他同时也强调："揭示蒙古帝国与现代世界形成之间的历史联系，并不意味着要为当日蒙古对他国的侵略和蹂躏进行申辩。"在这一点上，他不要为了结论的新颖而大做全盘翻案文章。他尊重历史中复杂线索的纠缠导致的不经意结局，但仍然坚持聆听弱者的哀号：结局的伟大并不足以把丑恶变为辉煌。显然，对人类事业的成败得失进行现实主义的冷静分析，并不意味着理想主义被迫退场：用道德信条取代利弊核查固属短视之举，但纯用利益算计来引导历史走势，只能把人类带至你死我活之境，而难道只有这样才是睿智和高明？

就此而言，我们需要做的，不是把"政治正确"当作各种危机的替罪羊，而是需要探索一种真正负责的"政治正确"原则。这要求我们在"理想主义"的指引下，又对时刻变化中的社会权力网络保持一种"现实主义"的清醒态度，认真考量每一决策可能引发的政治伦理后果（当然，没有任何一种预期可以是笃定的、全面的，它们总是需要根据实际情况做出调整，但这丝毫不等于预期这一行为是不必要的），临深履薄地维持利益和道义的动态平衡，才能最终使道义选择变为真正的利益所在。

因此，站在弱者一边，就是同时担当了道义和智识的双重责任。它不单是一个政治伦理姿态，也是一种综合观察各种具体情境下权势脉络的区分与变动并做出恰当调整的因应能力。用姚先生的话说，就是要"以良心为道德内容，以当下、直接的照察和判断来紧扣良心、印证良心"。正是这种"当下、直接的"心智工作，精确引导了我们同情心的流向，也为理想主义精神提供了细腻保护，使其不致因屡受蒙骗而遭到人们的冷落和遗弃。就此而言，姚先生这本书为我们理解"真正意义上的'政治正确'"提供了一个起点。

# 你愿意相信哪一个？

　　《少年派的奇幻漂流》讲一个名叫派的印度少年，在所乘客轮沉没后，孤身与一头老虎在茫茫大海上漂流的故事。老虎从对派充满杀机，到最终与他相依为命，整个故事跌宕起伏，引人入胜。当电影接近尾声，观众情绪也渐渐平复的时候，转折出现了：保险公司的调查人员觉得派的讲述难以置信；不得已，派只好另讲一个故事：客轮出事后，逃到救生船上的几个人如何互斗和相食，最后，派成为唯一的幸存者。保险公司的人听后，以怜悯的目光看着派——他们相信了。后来，派把两个故事都告诉了来访的作家，问："这两个故事，你愿意相信哪一个？"

　　看网上的议论，不少人把这个问题理解成：哪个故事是真的？似乎选第二个的人更多。毕竟，第一个故事太过奇幻和浪漫，太不现实；第二个更接近一般人对"人性"的理解：救生船资源有限，未来命运也不可捉摸，人和人之间势必你死我活，争斗不能避免。况且，影片也暗示了，前一个故事中的老虎及它吃掉的鬣狗、斑马、猩猩，和后一个故事中的各色人等，都有对应关系，所以，第一个故事根本就是第二个故事的幻化而已。沿此线索追寻下去，真相其实很可怕：派吃掉了船上所有人的尸体，包括自己的妈妈。

不过，派的问题分明是：你"愿意（prefer to）相信"哪一个？而不是：哪一个是"真的"？在这里，"愿意"和"真实"是两个层面的问题。"真实"是物理层面的事，它使我们"不得不"相信；"愿意"则面对着更广阔的世界，给人更多自主权，我们完全可以选择一个就物理层面而言并不真实的答案，因为它表达了我们的意愿或者梦想。

在物理层面上，人是动物之一种，要受制于自然律，最基本的追求是食与色。这本身无所谓好与坏，不过是事实而已。如果你高兴，可以说它很"真实"。然而人还有另一个世界：它超出物质现实之上，显得不那么"真实"，甚至很奇幻，如同派和老虎的相识相依。这是一个和意义、理想有关的世界，它应人的需要而生，是人全然靠自己而创造的世界。它支撑着人的内在生命，犹如食、色延续着人的肉体生命。不得不依赖吃别人尸体活下去的故事也许是真实的，但唯有残忍，没有意义，令人无以为生。在人所生活的这个世界中，总需有一种引人走出困局的力量，不再持续吃人的生活。这个世界同样是真实的，唯这里的真实不是在物理的层面，而是在心灵的层面上。

看过"少年派"不久，又看到同期上映的《一九四二》的故事介绍，知道这也是一个人吃人的故事。然而，完全一样的主题，李安和冯小刚却有全然不同的讲法，也给人截然相异的感受：这次是赤裸裸的痛苦、残酷。这让我别有一番思绪：假如"少年派"的讲法不同，李安用两小时还原救生船上的倾轧、残杀、格斗、吃人，最后，再让少年派轻描淡写地跟人讲另一个故事："其实，我在大海上，是跟一只老虎在一起，我们先是相互敌对，共同经历了许多险阻，终于相依为命……"那么，这会不会让我们产生另一种感受：生命如此残酷，令人不得不疯狂；或者，派根本就是在无耻地编造谎言，以掩盖自己的罪责？

假如确实如此，那么，生命的意义何在？真实又是什么？它们是否仅仅依赖于我们的"说法"："屡战屡败"与"屡败屡战"，因为述说方式不同，同样的事相便呈现全然不同的面貌？如果是这样，这世界不就只依赖于两个力量而存在了吗：一方面，看你怎么说；另一方面，看你愿意相信哪一个。

这样的问题真是大到无边，但就像看场电影一样，离我们的日常生活并不遥远。并不只有哲学家才会思索人生的意义，"引车卖浆者流"的生活亦有一种意义在，虽然他们可能并未自觉，平日只是考虑吃什么不吃什么而已，但即使这样的日常细务，追寻下去，也会发现其后有一番绝不简单的价值系统在。因而，一个人绝不会满足于物理层面上的事实，总需进一步去追寻自己或别人"搭挂"在什么样的意义网络上，又怎样利用这个网络去编织人生。

同一个事相，确实会随着我们表述的不同而产生不同的意义，作为一种事实的面貌也随之有异。但在我们的表述之外，也确实存在一个无法更动的真实，并不因我们说法的不同而有改变。这同样适合于现实和理想的差异：现实固然不同于理想，否则也就没有所谓理想可言了，但现实多少总会模仿理想的样子。故人生有无理想，有一种怎样的理想，现实也不一样。这就是说，如果我们曾经吃人，作为一种物理事实，它不会因为我们的否认而消失；但也不要因为有人否认过这一事实，就干脆认为人既然也只是动物之一种，彼此相食才是本性，甚至从此心安理得地相互吃起来。我们得先把自己当作人，有一个不吃人的理想，才会走出彼此残害的状态。

# 那道俯视的目光

老子云："吾之大患，为吾有身。"如果思想是高翔于凡尘之上的自由精灵，身体则更像拘禁我们的牢笼。但问题还有另一面：思想也必须依赖肉体才得发生。只不过这个事实过于平凡，以致往往为人所忽视而已。诚然，那些深刻改变了人类生活的思想者之所以被我们关注，是由于他们思考的成果，而不是支撑他们思考的肉体；不过，在有些情形下，正是身体决定了人们思维的广度与深度。我指的当然不是疾病或者健康这样一些显见的因素，而是那些更为微妙的东西，比如姿态。特定的身体经验提供了特定的思考向度，我们必须重新认识它们的关联。

这个看法部分来自法国哲学史家皮埃尔·阿多的启示。阿多因为提出"作为一种生活方式的哲学"这一命题而蜚声国际。一般认为，哲学的目的在于纯理论的构建，它为知识而知识，此外哪怕再伟大的价值也是第二位的；至于"生活方式"，即使值得讨论，也只是伦理学的一部分，而那不过是哲学中一个不算顶重要的分支。但阿多认为，对古人来说，哲学的重要，首先体现在它能够改善人的生活。即使那些看来最具超越性的思辨，也不是为了求知本身，哲人是通过这种方式来学习如何更好地生和死。简言之，哲学是一种"精神修炼"术。

对身体与思想之间的关联就建立在这个认识之上。在一本小书《别忘记生活：歌德与精神修炼的传统》中，阿多反驳了著名史家布克哈特的一个说法：只有现代人才会登高眺远，具体而言，这一行为诞生于 1336 年 4 月 26 日——意大利诗人彼得拉克攀上冯杜山顶的日子。此举显示了"现代人的勇敢无畏"。而在古代和中世纪，人的地位卑微，只能充满敬畏之心仰望苍穹。阿多从文献中找到大量证据，证明对古人来说，登山不过是平常小事。事实上，他们的想象早已飞向更高的太空，从那里俯望大地。

阿多这样做，当然不是为了证明自己远迈前贤，而是为了阐释"俯视的目光"在人类精神史上的意义："对古代哲学家来说，俯视的目光是一种想象的练习，通过这种练习，人们实现了能够从地面上升到一个更高的地点观看事物的事实。"它使人跳脱尘世，体会到人的渺小与有限，超越于微不足道的可笑纷争，回归简单与自然——这两个概念展示了世界的合法秩序——进而获得一种无限和宁静的满足。类似的思考在西方思想史上构成了一个长久传统，彼得拉克乃是这一传统的承继者，而非创造者。

顺此而下，阿多的笔锋一直来到 20 世纪。通过星际旅行，"人类第一次从高处看到了真实视野中地球的全貌"。这给当代人带来的是更加复杂的身体经验：飘荡在"不分高下、没有垂直结构的境地"中的失重感，"发现自己和大地一样宛如宇宙中的一颗星辰浮游在宇宙中的事实"，深刻改变了人们对宇宙和人生的某些观点；但比起这些新见，也许更重要的是，一些古老的思想内核仍在这些经验中存留下来：人类的渺小、对争斗的厌弃、更开阔的胸怀、宇宙内在的和谐与温暖，等等。阿多援引了一位登月者的陈述，最为简洁地描述了这种体验："我们以技术人员的身份登上月球，以人道主义者的身份回归。"

从登山这样一个微不足道的日常经验出发，阿多带我们进入全新的思想地带。像其他哲学史家一样，他也出入于概念和命题的世界，但他用的不只是头脑，也有身体。在他那里，"目光"不只是一个比喻，而是一道真的视线，灼热，明亮，有神。顺着这道视线，我们看到人类思想的浩瀚深邃；逆着这道视线而上，我们看见的是思想者的肉体：它有形而易朽，既限制了我们思考的边疆，也为思想的飞升带来可能。他提醒我们：重要的不只是经验到什么，而且是怎样使用这种经验。对身体经验的别出心裁的用法，如把一览众山小的目光再往高处抬升，就会给我们打开一个意想不到的视域。我们常因此惊叹人类的伟大，可是，如果从未有过俯瞰的体会，思想的飞跃又从何而来？

# 实体书店与我们的公共生活

　　这两年，几个开人文社科书店的朋友纷纷说做不下去了。有的关了店面，有的还开着：精灵点的及时转向，减少人文书籍，增加教辅、财经和管理读物；也有固守本位的，不知能坚持多久。

　　实体书店生存日益困难，据说和网络书店的冲击有关：网上买书，一来便宜，二来方便，三来品种广泛，选择面广。面对新的竞争手段，传统书店应对越来越吃力——当然，有时也越来越富有创造力：据说一家全国知名书店附设的咖啡馆都开始卖炒菜了。书和茶、咖啡似乎还有点关联(虽然多半也还建立在习惯之上)，可是和炒菜放一起，就有点怪异。这不禁使人怀疑，实体书店是不是迟早会消失。

　　我自己偶尔也在网上买书，不过大部分时候，还是坚持在实体书店买书。这多半还是出于习惯。40岁后，人已到了不易改变的年龄，而且觉得，"保守"虽不好，也不一定就坏。忘记《世说新语》里是谁说的了："我与我周旋久，宁做我。"狡狯可喜。研究历史的人，自然知道有时"历史的车轮滚滚"，是"习惯"抗不住的。可是，作为个人，总还应该有点保守的权力。这种"个人"多了，或者"历史的车轮"会绕道而行，也未可知。

当然，这问题绝非"习惯"这么简单。在实体书店买书，总可以先翻一翻。一本书的内容、表述，有无插图、索引、文献目录，甚至一些纯物质性的成分，如字体、版式、纸张、重量，皆可摸得到，看得着，令人踏实，而且常常成为买书时的决定因素。在网上就不然。电子服务再便宜和快捷，书的物质形式给人的微妙感受，也是它难以取代的。

不过最重要的还是另一方面。我们逛书店，不仅是为买书，还把它看作一个休闲和社交场所。闲时散步，到附近书店走走，不一定要买，却可半日偷闲，比上网好。因为再大的书店也有个范围，不比网络，无边无际，五色缤纷，倏忽来去，使人欲罢不能，阅读的快感因而也迅速麻木。书店不同，刺激是适度的、静态的，但有欢愉无怠惰。其次，在校园和社区书店，更时时会遇到熟人，交换一点信息，饮食男女之外，时常由手头正拿着的一本书做引子，谈到学术话题上；又因不是研讨会，"大胆假设"，不必"小心求证"，心情要轻松很多，却因解放而触发灵感。这种真正面对面的交往，更是网上书店不能提供的。

所谓"真正的面对面"，我说的是活生生的人之间的

交往，不是网上那种无法触摸的"面对面"。今日很多人
的生活似已太过依赖网络。我听到的一个极端例子是：
同处一室的同学相约打开水，自始至终通过网络，直到
一起出门，没说过一个字。这种相处方式会对这一代人
产生怎样的影响？他们在网络之外，会不会生活得更为
低能？进言之，这又会使社会发生何种变化？

一个明显现象是，尽管我们可以享受的物质种类比
起 20 多年前已经丰富了太多，但大学校园里各种游艺
活动的参与程度却远不如从前，对于很多青年人来说，
网络似乎成为他们唯一熟悉的生活场景。这使他们越来
越"个人化"，但是这又并未带来理想中的独立和自主，
反而使很多人越来越困惑于个人的意义。我认识的一个
年轻人，随时通过微博发布自己的活动，并不是因为他
自恋，或者有暴露癖，而是因为他不知道除此之外，还
有什么"活动"更有意思——离开网络，他已无法证明自
己的存在。如果当初笛卡儿所面对的是这番情形，那他
是不是还会想到"我思故我在"？

当然，另一方面，他们好像也越来越宽容，许多在
前几代人看来很难接受的行为，对于这一代人来说，并
不值得大呼小叫。社会的宽容度增加，乍看起来当然是
件好事，可是仔细分析会发现，他们表现出的这种"宽
容"其实更像是一种冷漠，因为他们根本对很多看似与
自己无关的事情缺乏足够的兴趣。对这些人来说，世界
是由两部分组成的：与我有关的部分和与我无关的部

分，在这里，并不存在一个叫作"公共生活"的部分。由于习惯了蜷缩在自己的小空间里，而把大多数公共事务归入"与我无关"之列，他们很难培养深度参与公共生活的经验，而公共生活得不到滋养，也会日渐凋零。但问题是，公共事务之所以是"公共"的，就因为它是支撑每一个人生命的根底——根总是埋在土里的，不挖就看不到；一旦它触目可及，便是所有人的身家性命都面临坍塌之时。

我这里说的，自然不限于书店遇到的问题。电子商务对传统店铺的冲击比比皆是，只不过书店更为脆弱和敏感而已。站在个人立场上，当然希望买东西廉价和方便，可在此之外，购物早已成为现代人公共生活的一部分。对商人来说，提供公共交往的空间也许只是"副业"；但对社会来说，其重要性有时还超出了商品的实用价值本身。尤其是当我们把眼光扩大到更广泛的网络世界的时候，便不能不考虑到公共生活的危机及其他对个人生命意义造成的损害。人在本质上是一个社会动物，无法绝世孤立。自然，使得一个人成为"人"的，不仅只有社会，更重要的是他具有一种内在充实的独立性，是这种独立性赋予他以意义感。然而，心理学研究早已告诉我们，"个人"的意义仍然不能离开健康的公共生活。一味追求"个人化"，只能导致可用资源过于贫乏，心理压力无处排遣，最终走向的是孤独，而不是深刻。

当然，即使在网络时代，公共生活也一定会继续，会有新的社会交往方式出现，譬如网络本身。不过，公共生活的发达有赖于更丰富的文化资源，生活方式也是其中一部分。在特定的时间和地点，某种生活方式确有流行与否的差异，但即使那些看来已"过时"的东西，也应得到有效保护。新的生活方式是对旧生活方式的补充和提升，而不是完全的替代和摧毁。选择面更宽一些，应付各种意想不到的局面时，才会游刃有余。在电子商务已经威胁到传统商业形式的情况下，多支持一下实体店，有利于我们的社会更有弹性、更加活泼，也更有利于从根底处维护个人的独立性。

第三辑　大学之道的人文省思

# 从造炸弹到建学界

　　1914 年 6 月，以辛亥革命"稽勋生"身份在美国留学的任鸿隽发表了《建立学界论》。文章提出，中国人里拥有国外大学学位或前清功名的并不少，可是，"能对一特殊问题，就一专门科学，发一论，建一议，令人奉为圭臬"者，还全无一人。就此而言，可以说中国还没有"学界"。西方各国则不然，"于其繁赜深远不可测度之社会中，常见有一群人焉，泯然潜伏群众之中，或乃蛰居斗室，与书册图器伍。舍其本业于同侪外，未尝与世相竞逐也"。但是，一旦"天下有大故，或疑难非常吊诡之事出"，这些隐士一样的人物，就会依其深造所得，"为之辨其理之所由始，究其效之所终极"，做出种种发明、建议，解决民生，启瀹社会，辅益政府，有功世道不浅。

　　任鸿隽据此认为，国运与学界相表里，"欲觇人国之强弱者，先观之于学界可知"。凡"学术修明"诸国如英、法、美、德等，皆能"杰然特出，雄飞于大地之上"；没有学界的国家，"其行事不豫定，其为猷不远大，唐突呼号，茫昧以求前进，其不陷于坎阱者几希！"因此，欲救中国，就应从建立学界开始。可是这里有一重吊诡：学人之所以有用于世，端赖其平日离群索居，"委心专志"，不急于用世；否则，必然"以学术为梯荣致显之具"，一旦达到目的，便"弃若敝屣，绝然不复反顾"，难以深入钻研，终归于世无补。故"建立学界之元素，在少数为学而学、乐以终身之哲人；而不在多数为利而学，以学为市之华士"。

　　用过去读书人常常使用的"进退"、"出处"四字来说，任鸿隽笔下的理想学人显然更偏于"退"和"处"，而不在"进"和"出"。但这和他本人在辛亥前的作为颇不同。那时他还是个留日学生，同时也是个狂热的革命党人，情绪昂扬而激烈，"思想行事，一切为革命二字所支配"：买军火，学剑术，就连选读应用化学专业都是为了要搞暗杀、造炸弹。1911年，武昌起义爆发的消息传来，只读到本科二年级的任鸿隽马上"抛弃了学校，抛弃了几年来积存下来的书物，手中提了一个小小的衣箱，离开新桥车站，回向革命战争正在澎湃进行中的祖国来"。心情的急迫，跃然可见。

　　那时的任鸿隽一定以为革命收功日，便是中国再造时。但这种乐观的情绪并未持续很久。回国后，任鸿隽来到武昌，才第一次看到了革命军的真容："大殿上横七竖八躺着的军士不用说了，守卫军府每一道门的士兵，则穿着圆领窄袖的长袍，头上戴的是四脚幞头，前面还扎一个英雄结子，手里执着有柄的长刀或马刀之类，使我疑惑这些人是不是刚从戏台上下来的。"这使他不能不忧虑："以如是军人其果能成革命大业耶？"自然，如果用政权鼎革来作为标准，辛亥革命毕竟是"胜利"了，但革命成功后的政治未必像当初想象的那般美好。1912年夏，任鸿隽曾短暂出任唐绍仪内阁秘书，目睹这群深孚众望的名流在开会时"除了闲谈一阵无关重要的话外，竟难得看见有关国计民生的议案"，深感失望。

任鸿隽的这段经历乃是我们理解《建立学界论》的基本背景。如此，再来看文章结尾一段，真可谓句句着实：

> 改革以还，吾国士夫，竞言建设矣。顾其目光所及，唯在政治，于学界前途未尝措意。岂唯未尝措意而已，方且毁弃黉舍，放锢哲人，划绝之不遗余力。卒之政治上之建设，亦攘攘终年，靡有定止。则吾国人学识之不足，亦大可见矣。侈言建设而忘学界，是犹却行而求前焉。余窃有惑焉，作《建立学界论》。

其实，任鸿隽终生也未曾完全忘却政治，至少政论文写了不少。但革命后的反省也使他清楚地知道，理想的政治是以健全的学识为根基的。不从这个看起来最迂阔但实际上也最根本的地方入手，做长期不懈的建设工作，而欲图通过毕其功于一役的方式改变社会，则政治不但无用，且很有可能被误用，而产生始料未及的后果。

行文至此，想到今年（2011 年）正是辛亥革命一百周年，不妨再讲一个故事：戊戌变法开始后，王照曾对康有为说："我看止有尽力多立学堂，渐渐扩充，风气一天一天的改变，再行一切新政。"康有为则说："列强瓜分就在眼前，你这条道如何来得及？"1930 年，王照对胡适谈起此事，说："迄今三十二年矣，来得及来不及，是不贴题的话。"戊戌时候王照和康有为之间是否有过这场对话，似乎也有学者怀疑，不过那是另一个问题。至少，王照后来这番无奈的评论是真实的，代表了一种深刻的反思，正好为我们理解任鸿隽的思想转变提供一个活生生的参照。

# 大学的身段

每年高考录取结束后，不少中学都会展开争抢少数"优秀落榜生"的工作。这些被看好的"落榜生"中，相当一部分是已被某些大学录取而欲"更上层楼"者；有些名校更以争取有望考上北京大学、清华大学而因发挥失常未果的复读生为目标。抢到的"优秀落榜生"越多，也就意味着明年的升学率越有保障，故常被一些学校视为头等大事。此举无疑会影响正常的教学秩序，流弊甚多；而舆论则似乎一致认为此事主要应由中学负责，却很少追究它和大学招生政策的关联。其实，目前的中学教学本是跟着高招指挥棒走的，大学如何招生，难保不对中学教学产生直接影响。

每逢高考前，很多大学都会推出一些措施，吸引高分生源。这本来也无可厚非，唯高分考生毕竟是少数，有时"吸引"也就不免变成"招徕"，甚至演为大学之间的竞争。据说近些年来，清华和北大为了抢到各省的"高考状元"，已经开出非常丰厚的条件，除了给考生本人的奖学金外，家长、老师乃至校长，各依亲疏，都可以获得程度不同的"犒赏"；此外，相互挖角、公开互骂，每年都会有几条招生丑闻，经过媒体披露后，引来众多围观，而中国大学的颜面在笑骂声中沦丧殆尽，吸引力也迅速流失。

其实，谁都知道，"高考状元"并不必就是人才，其最终成就，有赖于多种因素，至少，大学怎样培养，其重要性远远超过其高考成绩。但今人似乎习惯认为"顾客即上帝"，如果北大、清华这类本应是"桃李不言，下自成蹊"的顶尖高校都不能免俗，负责供应生源的中学又怎能不对此趋之若鹜？而这影响是多方面的。首先，它对于中学教学本已存在的"应试教育"倾向无疑产生了推波助澜的效果。其次，它也进一步殃及了高等教育事业的发展。近年来，已有不少人注意到大学新生整体素质下降的现象，恐怕不能仅仅归咎于中学教育水平，大学的招生取向也难辞其咎。

不过，在我看来，此事更恶劣的影响还不仅于此。大学争抢"高考状元"，也提示着"师道尊严"在现代社会中的整体沦丧。中国人过去做事崇尚矜持，不欣赏"自炫自媒"，在教育方面，主张"有来学，无往教"，要学生主动表达了学习的意愿，老师才肯教。"程门立雪"成为佳话，正代表了这类观念的流行。这样做当然不是故意自抬身价。《礼记·学记》云："师严然后道尊，道尊然后民知敬学。"教师作为个人，实无甚特异，且可能根本"不贤于弟子";但这个职业是以守道、传道作为使命的，人以道尊，尊师实是重道。今人不知此意，乃以势利待之。据说某顶尖大学一直流传"一流的学生，二流的老师"之说，意谓学生多出身"状元"，而老师不是也。呜呼，"状元"如此，吾不知其可。

如今是商品经济时代，各级学校大肆招揽学生，亦是按照市场原则行事。但问题在于，商业与教育本是两个领域。商人出售商品，顾客越多越好，正该广告天下。而老师以传道为业，大道幽微，需要付出极大的毅力与艰辛才可获知一二，求道之心不诚，很容易中途而废；且道之可传与否，亦不以人多取胜。当年熊十力在北大，即"极苦教书乏趣"，盖现代教育体制的基本方式，是老师"登讲台作演说"，而熊先生的学问，则无法经由公开"讲"的方式传授。他自己的理想是"授之私室，倘得半个有心之士可与言谈，即此理在天地间亦有所寄；而不相干之学子亦不愿其与于斯课"。故而，学者为学，固当发下宏愿，确守"诚敬"二字不移；老师传道，也该保持一点"身段"，至少应有"说不"的权利。此非拒人千里，正是重道的表示。

最近几年，大学校园多怪事，有学生理直气壮向老师索要高分的，有老师因为拒绝招收某些学生而被围攻的，师道中绝，令人气闷。但我以为这也不该过于怪罪学生，因为大学从招生开始，已是以"市道"示人；学生耳濡目染，不闻"师道"，当然以为进学乃是交易：我交了学费，你给我学分，公平合理，又何足异？但大学（尤其是被目为士林领袖的大学）本该肩负起为社会培养脊梁的使命，即使不能兼济天下，至少也该站定脚跟，严守边界，有所不为。似此主动媚俗，甚且以之为乐，辱及一身事小，使人因此小觑了"师道"之尊，其流弊隐微深远，能于不知觉中移人心志，才是最应警惕的。

# 花儿与少年

近年来，四川大学自主招生增设了一个"双特生"项目。所谓"双特生"，指的是那些对某一学科具备特殊兴趣和特殊专长的高中毕业生。他们中常有些人，因为偏科严重，难以适应现行高考体制的要求；这一项目的设立，便是要在"正途"之外为他们另开一扇大门。这对冲破单一的人才选拔模式，不失为有益的尝试。

记得第一次招收"双特生"时，全国各地申请这个项目的，仅文科生就有 40 多位，其中 80％以上的学生填报的特长都是文学，也都提交了正式发表与出版的著作为证，其中仅长篇小说就达五六部！大约少年多梦，很多人都有过做"文青"的经历，我自己也没有例外。在冬日的阳光下翻阅这些年轻人的文章，仿佛见到自己当年的影子，总是一件令人欣喜的事。但另一方面，通读他们的材料，我也感到一些隐忧。

这些作品给我留下了两个看似相反的印象。第一个是，他们的文字功底太过生嫩了。从风格来看，他们的文章可分两类，一类属于婉约的"青春文学"调调，另一类则摆出一副玩世不恭的派头，但整体来看，都显得幼稚、轻浮。一个人在开始写作时，大概总会经过一个模仿阶段。我猜这些热爱文学的年轻人所效法的，十九是今天中学生里最流行的作家。我对此不是很了解，但猜想也和一度流行的琼瑶、刘墉等相仿，或者在措辞风格上略有变化，骨子里仍是文艺腔。至于传世的文学名著，则似乎很少对这些文学青年发生影响，至少从文章里看不出。

当然，对一个年轻人来说，幼稚是难免的。但这些孩子既立志走文学这条路，总该力求成熟，而在此过程中，前辈的作品是必不可少的养分，无论是情节结构，还是词汇句法，都可以提供丰富的启发。不过，在我看来，经典最重要的作用还在于：它是一根标杆，指示出人类精神所曾到达的最高境界。这境界年轻人虽还无力企及，但是否有所了解，对人生的影响是决定性的：目力所到，孜孜以之，或者有一天就可与之平起平坐，甚至超而上之；坐井观天，终究只在井中。一个人在经典中熏习既久，自会养成不俗的鉴别力，能否成为作家还是其次，自家受用无穷，方是真幸福。读经典不容易，有时候其实是一件苦事，但也是"文青"成才少不了的功夫。

第二个印象是，这些热衷于写作的孩子，在观念上似乎又太"成熟"了。随便翻翻他们的作品，便不时会遇到

"性冷淡"、"更年期"一类"专业术语"。我并不认为这些词汇是中学生必须绕道走的禁区，但它们所指涉的经验显然不该是他们这个年龄所关注的，而他们运用得这么自然，即使是"为赋新词强说愁"，也提示着这些孩子在心智上太接近成人了。况且这恐怕不只是他们在写作中才表现的现象，在日常生活中，我也接触过几个类似的例子，颇使我感到尴尬，同时也有几分遗憾。人生不满百，其中一大半光阴又都落在成人阶段，真正的青春不过几年，转瞬即逝，追也追不回。然而年轻人似乎又总不满足于慢慢长大，对未来总充满了好奇和新鲜，在观念上提前步入成人世界，主动放弃了那本来微薄得可怜的年轻岁月，岂不可惜？

不过，我这篇小文并不是要指责这些孩子。他们文章里透露出来的问题，都是我们这个社会为年轻人提供的生长环境造成的。人常说少年如花，美丽而新鲜；可是人的成长也像花朵一样，自然而缓慢，必须靠自己吸收阳光雨露，也要学会抵御冰雪风霜，该经过的阶段都过去了，才会修成正果。在此过程中，既不能错失农时，更不可拔苗助长。花木的生长期不怕长，北方的水果和粮食比南方的长得慢，味道却普遍要更好，可以给我们的育人提供启发。

然而，目下成人社会浮躁不安，已经无法为年轻人提供一个缓慢的生长环境。我留意到，这些孩子的著作多是在最近一年内出版的，而不少学生也坦承自己的榜样是那几位被大学破格录取的小作家，可知他们这样做，多少获得了社会与家庭的认可（十有八九是鼓励）。然而，文学一旦成为一条终南捷径，自然不能再提供下苦功研习经典的内在动力；年轻人要快速成长，也只来得及学会如何摆出一副成熟模样。这件事怪使人伤心，而成年人在这股风气中扮演了什么样的角色，不更值得反省？

很多家长也许未必知道张爱玲曾说过"出名要趁早"，但正纷纷驱赶自己的孩子往"趁早"的路上跑；更有一些旁人，虽明知其不可，但为了自己的名利，不惜在路边呐喊助威。然而，过来人都知道，靠写作来谋生是非常艰辛的，成功与否，除了爱好的坚贞之外，多少带有天才成分，也不能排除"运气"影响。一个终日与文字周旋的年轻人，若走不出一条自己的路，大抵要落到百无一用的境地。负责任的成年人，又如何忍心做这种轻率的鼓励？

# 被阅读点亮

　　大部分中国人似乎都没有阅读的习惯，这常使我感到困惑。我多次在国内的很多公共场合——长途汽车上、候机楼里，看到一些老外，背着大大的旅行包，在嘈杂的人声里捧着一本书，读得很投入。细看那些书的封面，也不是什么经典，大概还是流行小说之类（但也有读狄更斯的），未必算作"高雅"，可问题是，要在周围的中国人里找到一个读书或者看报的（市民小报也算），还真有点不容易。我想，来华旅游的外国人未必个个都是向学之士，却处处看到这种景象，对比之下，令我们中国人羞愧。

　　按理说，中国传统本来是很尊重文字和书本的。《淮南子》里说，"仓颉作字而天雨粟，鬼夜哭"，动静很大。许慎说，文字是"经艺之本，王政之始，前人所以垂后，后人所以识古"，不是简单的记录工具，而是载道之器。在民间，自明清以后，惜字会一类组织广泛建立，虽与科举这一功利性目的相关，其理论依据和经典所述仍是相通的。同样，读书这一行为也具有极重要的象征意义。前人言："人生忧患识字始。"读书人一旦建立了"士"的认同，就要超出小我，担当起"澄清天下"的使命。

在这种文化氛围中，文字在那些不识字的人们中间的影响力也超出了近代不少学者的想象。1907 年，来中国游历的俄国学生阿列克谢耶夫注意到："在这里，人们不能忍受哪一个空余的地方没有贴上对联。"这些对联虽然"并非出自贫困家庭居民、店铺的主人或者大字不识一个的船夫之手，但他们对其表达的意思都很清楚。重要的是这些经典语录受到了这些文盲或半文盲们的喜爱。中国的文化积淀在这里表现得尤其明显"。

不过，晚清以来很多读书人认为中国人识字率太低，导致知识无法普及，成为近代贫弱的一个主因。他们经常提到的一个对比是，日本的下女、车夫都能看书读报，所以国家才强。然而，随着教育普及的目标日渐完成，中国人的识字率空前提升，读书看报在技术上绝对不是一个问题了，阅读却仍是稀见的行为（此只是就"阅读"这一行为而言，尚不涉及"志于道"的层面）。

说来吊诡的是，导致这一现象的一个重要因素恐怕恰与现代教育的普及有关。在这种教育观念中，文字那与"道"相关的神圣性被褫夺了，而仅仅被当成一种简单的记录和沟通"工具"，"读书"也主要被视为儿童进入社会获得职业之前的知识和技能培训过程。这只要看我们老是宣传"知识改变命运"即可知。其实，知识自身未必能够改变命运，真正改变命运的是人们读书既久而习得的一种健全的人生态度。但时下所谓"教育"，并不注重人心灵的培育，实际不过是"教学"而已。

如果读书仅仅被视为一种获得知识和技能的手段，而不是人和"道"沟通的中介，则学生一旦毕业，自然感到修成正果，不需读书了。今日也有人提倡学校毕业后还要接受"继续教育"者，或者呼吁建立一个"学习型社会"，不过，看他们的论述，其所谓"教育"和"学习"，大抵仍是知识和技能的补充。这或者可以帮人在社会上"安身"，但绝不会帮人"立命"，而人在简单的物质生存之外，总是会遇到这个更为"抽象"的问题的。可是，学生在学校里并未受过这方面的训练，毕业之后面对"异己"的社会，仍会不知所措。这类悲剧近年我们已看到太多。

在这种教育理念指导下，应试教育愈演愈烈，进一步导致了中国人阅读兴趣的丧失。20 年前曾有"学好数理化，走遍天下都不怕"的格言，这些年已少有听到，但取向仍在。在应试教育中，最重要的（甚至是唯一的）"书"便是教科书和习题集，其他与考试无关者，都被视作"闲书"，最好不读（近年教育部似曾向中小学生推荐过一套经典的文学作品，但据我接触到的几个例子，学校对这套书的态度似乎仍是对待功课的态度）。这样，学生不但无法养成广泛阅读的习惯，且根本可能认为读书是一件枯燥无趣的事（我曾经翻过几本现行的中学历史课本，备感无聊；如果这就是"书"，我也宁可不读）。

当然也会有人说，像老外那样天天捧本流行小说，也未必就能"立命"。这倒是真的。但关键首先是从读书中体会到乐趣。我相信一个有着良好阅读习惯的人，对生命的理解总会比别人多一些层面，更为精细，也更为通达。即或是流行小说，有时也令读者灵光一闪。有人写过德国一个酷好哲学的下水道工人，谈到自己的爱好时说："先生，当我在黑暗的下水道里工作时，回味着昨晚看的黑格尔，连污水都变得美好起来。"（《下水道工人的问与答》，《南方周末》2009 年 10 月 28 日）多少年过去了，每当想到此事，我真的有些羡慕，不知我们中国人的生活，什么时候也能被"昨晚看的黑格尔"照亮。

# 园丁、牧人与工程师

　　法国学者让-皮埃尔·韦尔南曾多次引用另一学者安德烈-乔治·霍德里库的观点，把希腊的"牧人民族的精神"与中国这类"园丁民族的精神"相对照：上级命令下级的统治形式和"牧羊人举着棍子指挥羊群"的生活经验有关；而园丁"考虑的是融入于自然秩序之中，他的行为既不为了屈服，也不追求征服，而是与每一株植物的内在冲动和谐一致，促使它更好地生长"。这在政治上的对应物是"间接的和被动的"统治，"最好的权力"甚至根本就是"彻底的无为而治"。我没有读过霍德里库的著作，不知道他的确切论证过程。如果从名词看，中国也有把一地长官称为"牧"的传统，唯从大体和长远看，园丁确比牧人更接近中国文化的理想。

　　一群人以某种方式生活久了，这方式也自然会渗入其思维和心态。民国时期蜀中早逝的天才学者刘咸炘曾写过一篇题为《动与植》的文章，针对当时思想界讨论东西文化的热潮提出："论文化者，必根据于生活状态、社会组织，此型成民性之要素也。"照此原则，刘咸炘提出，东方人过的是"植物生活"，西方人过的是"动物生活"。他并将此两类不同生活方式的文化影响详列一表，在中国一栏列出"植根于土壤"、"赖自然之惠"、"枝干相扶"、"互相容让"、"分治"等现象，相应的，西人的表现则是"游而求食"、"尽人力"、"亲子分散"、"好为争斗"、"集中"，每条下还有细目。简单说，这也类似于当时一度流行的"静的文明"和"动的文明"的区分。我们今天可以轻易批评这里的东、西方概念用得太过含糊笼统，二元对立视角也嫌太分明、太齐整，当然也太简单。不过，如果我们"法其意"而不执于"迹"，也可从中获得不少启示。

中国长期是农业社会，农耕生活为文化提供了基本的视角和思维工具。从字源看，"六艺"中的"艺"便是种植的意思，过去常用的"本"和"末"分指植物根梢，学者文人爱说的"学殖"，以至"笔耕"、"舌耕"，也都以农夫和园丁自许。与庄稼果木打交道的心得体现在政治上，如同霍德里库讲的，便是推崇"无为而治"，相信"与民休息"，人民自会安宁和睦，而不甚注重今人推崇备至的管理。如若不信，可以去读柏拉图的《理想国》和陶渊明的《桃花源记》，这两个文本在中西各自都影响深远，描绘的却是完全不同的两个社会。一个是连结婚生育都被规划得井井有条，全部纳入城邦控制；另一个则是"黄发垂髫，并怡然自乐"，至于何以至此，则全无交代，实际是各人顺应天道，各为其为，因"无治"而致"大治"。因此，近代之前中国人对于理想社会的看法，根本与西人的"乌托邦"背道而驰，不能混为一谈。

由政及教，也贯穿着同样的原则。孔子就很注意因材施教，同一问题对不同人有不同答案。这也体现在他对学生主动性的尊重上："不愤不启，不悱不发。举一隅不以三隅反，则不复也。"这里的关键是怎样看待学生——他们是需要被规划和管理的对象，还是处于成长过程中的生命？前者自不妨以牧人手段对付之，后者则须循循善诱。李源澄先生解释《孟子》"天之生此民也，使先知觉后知，使先觉觉后觉也"一句时说："曰'觉'云者，非自外而加之，引发之谓耳。"教育应顺应学者的内在生机，老师更多在学生需要时提供必要的援手（但这绝不排除权威与教导在教育中的重要性，读者幸勿误解），用今人喜欢的话说，就是要帮助其实现自我。

不过，中国人目前正在努力进行"现代化"，对农耕文化早就弃如敝屣。在大规模改造和消灭农村的同时，深层的文化理想也在迅速改变。现在偶尔还可听到把老师比作园丁的，但更"先进"的说法是"人类灵魂的工程师"。牧人总还是知道，自己驱赶的羊群也是生物，总得多少顾及它们的需求，不可任意胡为；工程师面对的则是钢筋铁块，讲究的就是把"不齐"变为整齐。但不论是教育还是政治，首先需要尊重的正是这种天生的"不齐"，绝非工程师的做派。孔子说："必也正名乎!"语言和思想本是一体之两面，喻体有时也代表了"本体"所要效法的"样板"。因此，谁能说把教师甚至是官吏都比作"工程师"，只是一个简单的表述失当?

# 让"听不懂"的老师讲下去

　　长期任教于四川大学的名史家徐中舒先生 1949 年之后很长时间都不能给本科生上课，某年忽有机会重上讲台，讲授"先秦史专题"，自然轰动。但几节课下来，听众走了不少。据说有学生到教务处反映：徐老的课我们听不懂，别让他上了。教务处长听了勃然大怒，说：川大之所以是川大，就是因为有徐先生这样的学者在，你们听不懂他的课，就应该努力，居然不以为耻，反以为荣！这故事我是辗转听到，真实性尚待查考。但徐老的课"沉闷"、"乏味"，缺乏所谓"条理性"和"通俗性"，都是不少人说过的。不过另一位当年也上这门课的老师说，毕业以后，自己被分配到阿坝州的乡下教小学，无书可读，重翻大学时代的笔记，感到最富启发性的，还是徐老这门"不好听"的课。

　　无独有偶，有位数学系的院士某次说自己最感念的是一位非常"糊涂"的数学老师。当年在课堂上演算习题，即使是很常见的习题，这老师也往往会独自陷入困顿和思索，力图寻求一种新的解决思路，甚至有时会静静地面对黑板，站到下课铃响。院士并未解释何以对这老师最不能忘怀，但他说自己当时遇到这种情况，也会和老师一起陷入思考，一个学期下来，竟然内力大增。这让我想到哈耶克的一个看法。哈氏将学者划分为"头脑清楚"和"头脑迷糊"两类，而自居为后者。他还引用怀特海的话——"头脑糊涂是独立思想之前的一个重要条件"，并发挥道：由于头脑糊涂的人"记不住对于别人而言可能是很明显的答案，所以他常被迫去想出一个对于那些头脑较有次序的人而言并不存在的问题的解答"。这位老师大概正属于这一类"迷糊"型的学者，而这位院士也因此困而后通，成就后来的事业。

我讲这两个故事，当然不是提倡老师讲课可以完全不考虑学生的接受能力，更不是说老师越"迷糊"就越好——毕竟，为学生着想，不论到什么时候，深入浅出都应是教学中努力追求的目标。不过，好老师的标准也因施教对象与教学目标的差异而不同。把复杂的问题条理化、抽象的物事形象化，最好语言还要活泼、风趣，能够引发听众的兴致，等等，对于中小学乃至专科学校的老师都是相当理想也是非常重要甚且是必要的条件，而对那些号称"研究型大学"的老师来说，作为"理想"虽然也可爱的，但重要性显然不必过高估计。毕竟，既有一流的研究能力，又有一流的口才，还能永远站在时尚的前沿，怎么听都觉得太过完美，现实生活中很难找到。

　　蔡元培先生早说过,大学是"研究高深学问"的地方,这虽未必适合今日大多数号称"大学"者,对于"研究型大学"仍是颠扑不破的真理。盖此类大学既以科研立校,学问的优劣及对学生学术启示力的大小才是判定老师水准的核心,"好听"与否乃是末节。尽管知识表述中未必一定存在"可爱"与"可信"的冲突,但是凡认真做学问者都知道,把知识化约为"知识点",虽然好听,实际可能并不靠谱。以我个人研习的历史学来说,各种因素常是盘根错节,此呼彼应,如同一张多维度的立体网络,欲"一言以蔽之",便须"损之又损"——这是否即能近乎"道"虽未可知,却一定远离历史真相。

　　这里有必要澄清读者可能的误解:一个好的大学老师教学不必是"清楚"的,尤其未必要一般人所说的"好听",这并不意味着他对教学不认真。能力和态度是两码事。更重要的是,能力也有不同。对于一个充满知识热情的学生来说,一个真正的学者,自会散发一种特殊的魅力。他可能不是通过语言,而是通过行动和那些深具思想穿透力的学术成绩,引导学生走入学问深处,亲自领悟那空曲交会、难以言传的境界。

　　不过这也有个前提,就是学的人万一暂时(此两字重要)听不懂,绝不能到教务处去要求换掉"那个老头儿",而须端正态度,反躬自省,亦步亦趋地跟着他走,一旦豁然贯通,渐进佳境,或者竟已具备欣赏此类"糊涂"的本领了。蒙文通先生曾云:"大学以上的学生,主要是学方法。在听课时，应跟着先生的逻辑思维的发展而发展，体会先生是怎样思考问题的，不应要求先生跟着学生的逻辑思维走。假如那样，学生还学什么?"其实，一个人遇到一位"糊涂"的先生并不容易，万一遇到了，能够抓紧这个机会，从中领会他怎样思考和解决问题，已是不同凡响。就此而言，那位院士日后的成就，正可谓在学生时代便已"注定"。

今日时尚，大学里有学生给老师打分的制度。本来，老师多多了解学生对自己授课的反映，乃是教学相长的好事。但目下通行的打分制度，在内容上多集中于一些与学术无多大关联的事务上，如口齿表达是否清晰、板书是否有序、教学手段是否"现代"（具体又多落实在是不是使用了多媒体等），并不能对推进学术的边疆做出任何实质性贡献。事实上，认为老师的水平可以分条细化，由数字衡量，本身就是一种简单的思维方式，与大学的真正使命背道而驰。打分原是老师的权力，现在既然交由学生掌握，已颇具"要求先生跟着学生走"的象征意味，不但学生学什么成了问题，老师教什么以及怎么教，也都开始变得模糊不清。

或曰：学生不是要超过老师吗？那首先便是要不以老师的权威为权威，养成一个独立思考的习惯!

独立思考？这很好。但是，用怀特海的话说，你得先"糊涂"一下子，至少要先学着尊重一下你觉得"糊涂"的那个老师，再说"独立思考"也不迟。

　　附记：徐中舒先生文孙徐亮工老师读后告诉我，传说就只是传说，当时的学生老实，还不致跑到教务处要求老师"下课"。我相信这话。关于徐老这个传说，就像诸多的校园传说一样，不必是"事实"，而自有其"意义"。读者领会其意可也。文章发表后，被不同媒体转载，一直没有机会澄清。趁此结集之际，略为辨明如上。

**2016 年 12 月**

# 师范不"师"又如何

在中国高校中，数量最多的大概要算师范院校。但目前师范院校似也面临不少危机：有些欲走出师范定位，开始招收相当数量的"非师范生"，而最为"师范"的课程如教育心理学、中学各科教材教法等，在不少学校已边缘化，某些任课教师甚至自己都不曾跨进中学课堂半步，自然只能照搬讲章。对此，一些关心高等师范教育的朋友颇为担忧，以为如此下去，势必导致师范不"师"。不过我以为，今日国中师范教育体制确实存在不小的问题，却不在什么"师范不师"上。在此，我想重提 20 世纪二三十年代中国学术界围绕着师范大学体制存废的一些文献，希望对此问题略有启发。我选择这些文章当然都是带有自己倾向性的，好在本文的目的不是重建这段史事，而是想借此重温一些被国人所忽略已久的道理。

1932 年，任鸿隽在《教育改革声中的师范教育问题》一文中，提出了师范教育"是否必须要一个特殊的大学来实施与进行"的问题。他认为，从所教授的学科性质来看，师范大学和普通大学并无实质性的不同。师范教育的特色主要体现在两方面，一是训练学生的教学"技术"，二是进行"教育学的研究"。但是，对一个学生来说，"一个善于教学的先生，他自己教学的方法，就是一个活的榜样"，耳濡目染，即可获得不少启发，其重要性远远超过专门传习教学技术的"教学法"；而这一点又绝非普通大学和师范大学的分别所在，实际是对所有类型的大学都适用的。至于教育学的理论研究，则不过是心理学和社会学的应用，离开后者，无法独立。基于这两点理由，他根本认为专门的师大建置没有存在的必要。

不管教学技术的训练还是教育学的研究，落实在具体目标上，都是要培养出适合中学教学需要的优秀师资，所以，从根本上说起来，这里的"理论"其实也还是"技术"。自然，必须要承认的是，教育心理学和教学法对于做好中小学教师确属必备的知识，毕竟他们面对的是智商和情商都还在成长初期的未成年人，在"教什么"之外，"怎么教"是个不能不考虑的问题。故循循善诱在理论上虽是每一个为人师者应备的素质，而对中小学教师的要求似乎更高一些。

但这里有一本末问题。基础教育关系整个国民素质的提升，故应特别注重培养学生求知的趣味和习惯，俾其一生受用不尽，将来不论做何职业，均能愉快胜任

（由于某个老师教得特别好，引起学生对其所授学科的兴致，进而走上专业道路的例子比比皆是。不过，这对于基础教育的终极目标来说，仍然只是末节）。然而所谓"教得特别好"者，除了教法的新颖有趣外，根本还在于教师对自己所授学科有着深厚的感情和深切的研究，方可依据本学科知识的特征，设计出引人入胜的教学方案。又或者也根本就没有什么设计，却在举手投足间焕发出长期的学术修炼养就的奇异光彩，以润物无声的方式，熏染到青少年虽然幼稚但却异常敏锐的心灵，则对学生影响更已超出单纯的知识之外，而具有精神的力量了。这不是要求老师把自己知道的全部教给学生，毕竟中学生并不需要掌握太过高深的学问，不过，教学水平也与一座冰山相似，露出水面的永远只是极小一部分；即使那些看来非常浅显的知识，实际也是和一个更加庞大而深厚的学科体系联系在一起的，教师的学识储蓄必须足够扎实，在教学活动中才能得心应手，挥洒自如。

关于这一点，傅斯年也有类似的提示："教育学家如不于文理各科之中有一专门，做起教师来，是下等的教师；谈起教育——即幼年或青年之训练——是没有着落，于是办起学校自然流为政客。"听起有点偏激，但不无道理。1932年，国际联盟派出的中国教育考察团在其报告书中说：中国高等师范教育制造了许多"知道如何教授自己所不知之科目"的中学老师，所说的正是傅斯年所批判的。从这种意义上说，基础教育，尤其是中学教育，也是一种特殊的"学术教育"，教师须兼具相当的学养和高明的技术，而以学（非"教育学"）为主；术由学出，方可收久远之功。孔子云："知之者不如好之者，好之者不如乐之者。"在教学实践中，任何高深的理论和娴熟的技巧，均不及教师本人从知识中体会的快乐更能直接触动学生的灵魂，此所谓"独乐乐"而能令"众乐乐"。教学"无法"固然不可，但"法"自"人"出，做老师的没有内在的源头活水，徒执一二"方法"而欲放诸四海，岂非笑话！

尽管在具体实践中早已出现变化，但在指导思想上，直到今天，很多人似乎仍然认为，训练教学的技术才是高等师范教育的重点，至于对这些科目本身的研究，倒在其次。这恐怕正是"师范不师"的忧虑之由来。但如果不能提高学术水平，仍把精力放在培养许多"知道如何教授自己所不知之科目"的教师身上，无异舍本逐末，"师"又如何，"不师"又如何！

# 为未来留种

高等师范教育改革必然涉及现行的师范院校制度的存废问题。如果我们承认所谓师范教育无须"一个特殊的大学来实施",则专门的师范院校建置其实根本可以取消。不过这样一来,一个新的问题也就出现了:中学教师从何而来?对此,生物学家胡先骕在1925年的一篇文章早已做了回答,似乎仍有重读的必要。

胡先骕强调,要提高师范教育,办法"不在设立师范大学,而在规定师范生服务之资格"。具体方案有二。一种是借鉴德国方式:"欲任中等学校某学科之教习,或欲得此项资格之特种文凭者,可规定先须在各大学专治此科,卒业后再须治教育学、心理学等学科一年或二年,使其程度略等于硕士,方可取得此项资格或文凭。"另一种是借鉴法国制度:"同在一大学,苟欲以师范为职业者,除普通大学训练外,再须加授某种特殊之训练。"不管哪一种方式,皆"不必立骈枝之学校,而师范教育自可提高"。

　　两个方案都要求有志做中学教师者先须认真研读一门基础学科，再来接受专门的教育理论和技术训练。此正是傅斯年所谓教育家应"于文理各科之中有一专门"之意。而这也就意味着一个人必须付出比同侪更多的时间与精力，才能获得站在中学讲台上的资格。显然，职业门槛提升后，只有那些"乐之"者或至少是"好之"者才肯接受这种挑战。大浪淘沙，真正留下来的，不管是道德素养还是知识储备，都会比今日好很多。

　　我国现行的高等师范教育体制则恰好相反。学生入学之初，未经筛选，似乎便自动成为中学教师候选人。但对于大部分刚从中学毕业的年轻人来说，要在此时决定自己的未来职业，未免过于仓促。我想，如在师范院校的学生中做一调查，真正有志于中学教学的人恐怕少得可怜。不过这实在也怨不得学生，每一个年轻人都有选择自己未来的权力，师范生又何独不然？

　　更重要的是，我国目前除了少数几所重点师范大学外，绝大多数师范院校的学术水准都令人失望（此是就"整体"而言，不排除其中有部分师生属于例外），在现行高等教育体系中也多少带有退而求其次的味道。这是一个事实，我们不必讳言。而很多考生也确实是在考分不理想的情形下选择了师范院校，不少人早就计划好将来"考研"的时候要改换门庭。这仿佛是拍戏，主角的位置已经没有了，迟到的只有去做配角甚至跑龙套；固然也有龙套跑得好，还跑成名角的，但毕竟不是常态，大多数人恐怕也就此埋没。

前些年，教育部开始在师范院校中推行免费教育计划。其本意甚佳，是要为出身贫寒的优秀中学毕业生一个深造的机会，但具体影响如何，似亦值得仔细推敲。类似的政策早在民国时期就曾推行，确也帮助不少家境不好的学生完成了学业，但也正因其为"免费"的，在社会风气趋利忘义的情形下，教师地位也就不免沦落。汪曾祺先生曾提到 20 世纪 20 年代苏北地区有过"师范花子"一说，真正是"九儒十丐"了。那么今日中国社会的势利程度较之那时如何？"免费"是否就真的有利于提升教师地位和教学水准？恐怕都应慎重考虑。

上述这些现象其实都暴露出一个大问题，那就是，虽然我们一向自认为特别尊师重教（师范院校多，也被认为重视教育的表现），实际情形却可能恰好相反。事实上，如果大多数学生只是因为高考分数不高，或者因为可以免费而选择了师范院校，其最终成绩也就可想而知。说起来我们似乎人人知道"十年树木，百年树人"的道理，自然应该明白，高等师范教育的水平直接影响着未来国民的质量。这好比是农民种地，一年收获下来，总会预留一些种子，而做种的一定是长势最好的那些。师范教育在一个社会中扮演的正是"留种"的工作，中学校教师理应从最好的大学里选择最优秀的学生担任，我们的未来才有望郁郁葱葱。

于今之计，似不妨一方面逐渐取消独立的师范院校，使其向文理综合性大学过渡（至于是否改名，倒真是最不重要的）。另一方面，在重点综合大学中（亦可稍微扩大范围，唯总需以学术水平作为考量标准）挑选一批真正有志从事中小学教育的学生，按照胡先骕的建议，加以更高水平的培训；与此同时，设立高额国家奖学金（注意不是"免费教育"），并大幅度提升中小学教师待遇，以为鼓励。这样埋头做上若干年，中小学教师一定成为社会上最受尊重的职业之一，教育质量自然也水涨船高。

当然，也许会有人认为这一方案过于迂远：中国如此辽阔，所需师资众多，这样精耕细作，岂不过于奢侈，不知猴年马月才能收效。对此，我用孟子的话来回答："七年之病，欲求三年之艾。苟为不畜，终身不得。"立志总须高远些才好，有了志向，又须一步步踏实做去，才不是空想。否则，将永远只是凑合，永远没有希望。

# 真地读点马克思

　　研究中国思想史的德国汉学家施耐德来敝校讲学。课后跟我说：学生对历史唯物主义一些基本观念非常陌生。我颇感诧异：在中国，马克思主义原理至迟在中学已进入政治课本；上大学，读硕士、博士，都是必修；各级学历考试必考——我们的学生会不了解马克思主义历史观？不料，前段时间偶然跟学生谈到"历史性与逻辑性的统一"，他们一脸茫然：不是不明白这句话的意思，而是根本就没听过！记得当年我读大学时，常从一些老学者文中见到此说，很是费解：这是什么意思？"历史性"和"逻辑性"怎么可能"统一"？又如何"统一"？搞懂这句话，颇费了我一番工夫。可是，今天的学生竟然没有听过！这下使我相信了。

　　我讲这事，并非哀叹人心不古，更不是以己度人。在正常情况下，"历史性与逻辑性的统一"原非人人皆须掌握的常识，更何况其后原有西方思想史上一条漫长的线索做背景，确实不易弄懂。但问题是，经过这么多年的教育，学生们对这些概念还闻所未闻，其故何在？我不由起了疑惑，向学生打听，他们的政治课都讲些什么？

学生给我讲了课表，科目似乎也没有太大变化。主要好像只有一点：20多年前的"社会主义政治经济学"被"中国特色社会主义理论体系"取代。后者讲授的是毛泽东思想、邓小平理论、"三个代表"和科学发展观。学生常把它与"马克思主义基本原理"一起，简称为"马哲毛邓三，科学发展观"，朗朗上口。可以想见，随着"中国特色社会主义理论体系"的发展，这部分内容还会与时俱进，层累增高。用古人的话说，这是旗帜鲜明地"法后圣"。我当然不敢说，花在"后圣"著作上的时间太多，是造成对"先圣"经典掌握不佳的原因。但人的精力有限，课程体系重心既已明显偏向"当代"，学生对马克思主义源头的了解势必不足。明清以八股取士，已有"宁道孔孟误，讳说程朱非"的局面。功令所系，原也无可奈何。

有人可能会说：先圣后圣，如出一贯；咸与革新，后来居上。诚然，诚然。我虽研习历史，并无好古之习，绝不以为马克思、恩格斯在19世纪已把真理说尽；今人面对时代所需，自应日新又新，才真正能够显出马克思主义具有旺盛的生命力。不过，社会主义理论和实践的源头活水，仍是马克思、恩格斯当年写下的睿智篇章，这恐怕也是没有人反对的。20世纪以来的大学者，无论其政治倾向如何，是否信仰社会主义，对马克思的著作，都不敢等闲视之。毫不夸张地说，近一个多世纪的学术史和思想史，都是在马克思目光的注视下进行的。记得列维-斯特劳斯在《忧郁的热带》里说，他每次动笔前，都会先读几页《路易波拿巴的雾月十八日》！显然，即使单纯为了激活思想能力，我们也有必要不断回访马克思，就像到其他一些如今正时兴的思想家那里拜访一样。

其实，大师之所以是大师，并不因他永远正确；而是因为，他永远可以向后人提供不尽的思维灵感。打个未必恰当的比方。陈寅恪先生的诸多论点，今天都受到不同程度的挑战，有些甚至已被推翻，但他的批评者们，也还是要到他那里接受启示。因此，对陈先生的超越，也便是向他的致敬。关于这个道理，我们可以一并参阅林毓生先生介绍"芝加哥大学社会思想委员会"的文章。这个委员会培养博士的方式，就是让他们花上几年时间，精读一部在世界文化史上具有"永恒意义"的经典著作。学生们通过追随大师思路，亦步亦趋，慢慢习得了进行原创性思考的能力——即使他们后来的研究与此经典毫无关系，有时甚至根本就忘掉了它的内容，也不妨碍那种潜移默化的影响。同样的道理，我们只有学会"马克思式的"思考方式，才具有真正发展马克思主义的可能。而时至今日，也还没有一个社会主义思想家能够替代马克思。因此，深化有中国特色的社会主义理论，仍必须从马克思、恩格斯的著作中汲取营养，而不能满足二手的转述，更不能仅从"后圣"身上悬想"先圣"模样。

常听人说，大学教给学生的不应是定型的知识，而应是思考的习惯、思维的方法和人文情怀。马克思主义的原典作品，确可当此使命。既然"两课"是每个大学生都不能逃避的必修课，是否更应在马克思、恩格斯那里多做停留，真地读点马克思，也读点真的马克思呢？

# 大学校长该讲什么话

早听说华中科技大学李培根校长在 2010 届毕业生典礼上的讲演深得学生和舆论的追捧，最近读到全文，或因原本期望值过高之故，反而有些失望。讲稿给我印象最深的，除了大段排比句之外，就是密集出现的网络用词——这似乎正是其受到欢迎的主因之一。平心而论，这篇讲辞确有和常见的领导讲话不同的地方，不取高高在上的姿态，力图以情动人。不但遣词造句，就连价值取向和思维方式都尽可能向学生靠拢，宜乎听众感觉亲切有味。如果说舆论反映了人心好恶的话，则此事应对各级领导有所提示才对。当年毛泽东就说要"反对党八股"，看来今日仍不失其针对性。

不过，舆论对这个讲演的过度吹捧，也恰好反映出长盛不衰的各类"八股"文风对国人文化品鉴力败坏程度之深。我猜李校长对那种假、空、套话是不满的，故也着力追求一种平易的讲话风格。然而，大约因久为"八股"风习熏染，讲者和听众似乎都已丧失足够的敏感——讲稿中那一段礼赞"盛世"的排比，不正是典型的政治套话吗？而刻意罗列的大量网络术语，不但实际落入另一窠臼（网络语言生动、形象、活泼，确实代表了语言的活力所在，唯不少人除了网络流行用语外，词汇量储备已极为贫乏，反过来也导致了网络语言迅速陷入俗套），也显得幼稚和单薄，缺乏应有的厚重感。

这当然不是要否定这个讲演着力贴近学生的立意。无论何种演说，态度总以平实为上，何况大学本该有些家庭氛围，师弟之间融融泄泄，要送走出门远行的子弟，更不该端起架子，装模作样。不过，毕业典礼，对学校来说，正是数年艰辛、树木成林时节，最堪告慰；年轻学生要告别校园和生命里最美丽的一段时光，在之后的旅途中也是最值得反复回味的记忆。这样一种"成人仪式"，自当有一种特别的庄重感。师长的讲说或不妨多点幽默，但这幽默应是含蓄、温厚和具有内在张力的，至少亦应力戒浮薄（这话也可能相当一部分人会不赞同，因今日一般流行所谓幽默恰是轻薄也）。

这种平易而庄重的态度也体现为一种朴素而优雅的文风。所谓朴素，乃是要刊落虚华，坦诚自在。老一辈把人生经验与教训传给子弟，原是为后人着想，唯恐不尽不实，本不必过于雕梁画栋。但这朴素又绝非简陋，更非鄙野，而应具备诗书涵养自然流出的一股优雅气质。遣词造句不必刻意求工，尤其未必使用特别的修辞技法和"优美"词句，自会散发一种温润光彩。如果要有所比，何兆武先生曾在《上学记》里写过在昆明西南联大期间"跑警报"时的梅贻琦，与此风格庶几相类。

时下中国已变成一个爱说话的社会，即使不在课堂，也处处听到演说声，而且绝不乏听众。其中不少讲辞不是流于滥情，就是过分激情。这当然很容易惑人视听，但它是通过人的耳目而不是心灵作用于人的，影响所及，如醉如狂，实无益于社会的稳健成长。事实上，要把平易、庄重、朴素、优雅这些表面上相反的素质凝于一体，必须依赖理性的说服力和情感的克制力（所谓"怨而不怒，哀而不伤"），而这显然已不仅是一个文风问题。前人说"文如其人"，虽然很容易找出例外，但即便经过特意训练，一个人的内在气质仍会于不自觉中流露，故"文"的危机，仍须从"人"身上找。

唯"人"、"文"之间又是一回环反复的关联。理想气质非凭空而来，又必须回到"文"的层面来培养。然而，如今即使号称"文化人"者，也未必有多少时间澄心静虑，浸润诗书。互联网时代日新又新，一个人一不小心就有可能"out"了。要令同侪尤其是后生觉得可爱，就只有亦步亦趋，永远站在时代的潮头浪尖上，阅读范围自然是"时文"多而"古文"少。我们当然不能说"时文"非"文"，且有不少人认为上网同样算是"读书"。这也不能说全无道理，但喜好喝酒的人总要挑选陈年老酿，书籍是否经过时间淘洗，营养也大不一样。大学乃是社会为一群正当最好年纪的人创设的"特区"，使他们得以暂时超脱"俗务"，专力于人类优秀文化成果的研习，至少应在"时文"之外，兼读一点"古文"，才不辜负这段美好光阴。负有导正之责的师长，也应在贴近学生之外，提供更深邃的思考和更高妙的品味给他们，方算尽到了职责。

# 不厌其烦地对待无人发现的细节

1909 年 10 月，罗素与怀特海合著的《数学原理》终于完稿。这是一部名副其实的巨著，长达 4500 页，耗费了他们 6 年的光阴，若要追溯到初期思考，更是长达 10 年之久。剑桥大学出版社认定此书一定亏损巨大，最后由英国皇家学会赞助 200 镑，两位作者每人"倒贴 50 镑"，才勉强同意付梓。饶是如此，全书排印、校对，又花去 4 年时间。其实，还在写作过程中，罗素已经料及其命运不佳："这本书篇幅很大，没有谁会读它。"果然，它同所有巨著一样，遭遇了同一结果：知道的人多，读过的人少。

然而，罗素明知如此，仍要写下去，而且全情投入。英国哲学家瑞·蒙克在《罗素传：孤独的精神》一书中引用过他在写作《数学原理》期间给朋友的一封信："想到这一点就令人忍俊不禁：花费如此多的时间，不厌其烦地讨论一些小问题。它们藏在这本著作的不被人注意的角落中，可能没有谁会发现它们。"蒙克由此想到中世纪的画匠："他们一丝不苟地对待装饰大教堂穹顶的那些画像的面孔，非常注意其中的细节。可是，没有谁会近距离观察他们的作品，所以没有谁会知道，他们付出了多少心血，以便让自己的作品完美无瑕。"中世纪工匠这样做，出自虔敬的宗教情怀，罗素呢？"他写作这本著作的原因，不是希望人们实际上阅读它，而是因为他对它的内在价值，对完成它的强烈欲望，抱着一种堪称虔诚的意识。"

也许罗素只是谦虚，那并不真的是些"小问题"；但若果真如其所言，他是否将工夫掷入虚牝？当然不。做学问并非做生意，精打细算，未必就是美德。任何时候，学术研究都是一场思想冒险，抵达终点之前，无人可以预判结果；而即使证明此路不通，也仍不失一个重大贡献。课题越具原创性，就越是如此。学者如对投入产出节节计较，则其人其学，必无足观。

更关键的，罗素所说的还不仅是问题"小"，而是它们小到被人忽略，则作者一番苦心，便根本无人觉察，好比锦衣夜行，"聪明人"计不出此——但"聪明人"亦绝成不了罗素。蒙克从罗素身上看到了中世纪教堂画匠的身影，当然也不是随意联想，二者其实正是同一精神的产物。从出身讲，现代学者本是中古教士的传人，对事业抱有宗教般的虔敬，乃是职业基因所使。中国学者当然不必跟欧洲教士强拉亲戚，但守死善道，岂非士人所志？不更有一番神圣与庄严？士志于道，是否有人了解，已是余事（虽然未必一定不求人解），重要的是对其"内在价值"抱有深刻信仰。《论语》头三句，"学而时习之，不亦说乎；有朋自远方来，不亦乐乎"之后，紧接一句："人不知而不愠，不亦君子乎！"所说是同样道理。

罗素的做法，固然不是常人所能为，但通常受过严格训练的学者，身上总多少有点类似气质。举个简单事例：史学论著征引史料，莫不详明出处，从原则上说，目的之一乃是便于读者覆按。不过，其中不乏一些海内孤本，或是作者访录所得，旁人难以见及，如何查考？即使是档案这样貌似开放的文献，实际也很少有人一一复核。至于人类学家，更是常常孤身跨入一个少为人知的小岛，回来向世人报告他的见闻，你我既从未踏足，又如何判明其真伪？因此，学界虽有一套规范，但全靠他人检举，成本太高，难以完全落实；大部分时候，学术质量的维护，仍须依靠学人自律：即便是铁定无人发现的"角落"，也不敢轻轻放过，否则便难以心安，这才是真正的学者良知（无意的疏忽则是另一回事）。缺乏这点素养，那就真成呼卢成卢，喝雉成雉，学术犹若赌场，全凭运气当家，岂不可哀！

当然，在大多数学人那里，与其说这是一种宗教情怀，毋宁说是多年治学的习惯。不过，其全神贯注，和罗素这种伟人相比，也只有程度的差异。具体而微，精神一贯。

用市场规则判断，即使最富裕的学者，投入和产出也绝不成正比；花上 10 年，倒贴 50 镑，并不鲜见。但之所以仍有这么多人愿意枯灯冷椅，以苦作乐，凭的全是对这项事业的喜好和尊重。尊重自己的事业，便是自尊：一个人把自己的整个生命价值全部托付在这份事业之上，自然勤勉不怠。就此来说，自尊是一切原创思想的源泉，也为学者自律提供了起码的保障。它来自学者内心的召唤，不靠利诱，更不能威逼，哪怕穷途潦倒，也无人能够剥夺。明乎此，那些负责"管理"学术的领导，也就大可不必煞费苦心，防范学人偷奸耍懒。其实，只要懂得尊重他们的向学志愿，则廉耻之心，自会油然勃兴。谓予不信？自有罗素和怀特海作证。但若说人家是罗素和怀特海，你们是小蟊贼，则此言一出，小蟊贼便应念而生。

# 大学、"大人"和"大体"

　　有"大人"，有"小人"。孟子云："从其大体为大人，从其小体为小人。"小体，比如耳目之官，因为无思无识，动辄为外物牵引而去；"大体"指人所独具之心，"心之官则思"，有思斯有得，有得斯有立，故"先立乎其大者，则其小者不能夺也"。而先立其大也不只是立志，立志不难，难的是坚守。孟子又有牛山之喻：牛山之木虽美，而经刀锯斧劈，牛羊食啃，也只能剩下童山濯濯。若据此以为此山未尝有丰林美木，这又岂真是牛山本貌？草木如此，人性亦然，虽有仁义根苗，不知将息养护，反而戕贼不已，乃欲其成为高才大圣，岂非南辕北辙，愈去愈远？

　　因此，比立志更重要的是养志。养志又有两种，一是自身修为，"操之则存，舍之则亡"；二是外界诱导：有师友挟持、社会激励，可使顽者廉而懦者立。这两种方式，第一种最近根本，第二种却更切实际。须知，天纵之圣，矫矫出群，毕竟是凤毛麟角，多数人乃是中人资质，可退可进，端视环境而然。环境不同，便有不同面相发荣滋长。尤其当一个人成长初期，心志未稳，要全然自作主张，不为外界所动，岂不戛戛乎其难！事实上，一个社会里"大人"的有无及多少，主要看其环境是否能鼓励人"从其大体"。

学者似乎与众不同。至少孟子曾说："无恒产而有恒心者，惟士为能。"但老实说，这也还是一个"理想型"。学者中不乏志向高远之人，然而有志未坚，不能化众，反为众所化者，也并不稀见。但普通人虽自己没有恒心，却还是期待有人能超凡脱俗，起点表率作用，即使不能令人望风兴起，也给世界一些希望。而无论何种社会，来承担这份期望的，总是知识分子。一面要为人表率，一面却离众人不远，怎么办？是故前人有"养士"之说。士亦须养，养其气，养其志，养其廉耻之心，养其高远之境。养士不止为读书人，为的是整个社会。

养士，既有积极办法，又有消极办法。积极的，给予物质或荣誉褒奖；消极的，不过是少加干预而已。说起来，当然是积极办法难而消极办法易。但实际未必然。今日多数学人的收入水平，较之 20 年前，已是突飞猛进；而即使当年最困窘的年代，照样有人一意问学，目无旁骛，未尝计算盈亏利害，更何况今天？因此，积极办法至少不算紧迫，而真正的危机反在消极方面，其流风所被，每于不动声色间移人心性，许多恶果恐怕 20 年后才看得清。

我有此感想久矣，最近看到某所高校某个学院的年终考核表，更觉如鲠在喉，不吐不快。这份表格内容丰富，从本科生、研究生教学，到科研项目、论著发表，以及公共事务参与，无不包揽。其风格细腻，略举"公共事务参与"的几项细目，便不难见其一斑：全院大会、研究生招生考试阅卷、学院党建及宣传、工会活动（运动会、篮球赛、拔河比赛、健美操等）、学生开学与毕业典礼，每项均须列明参与次数和具体内容。且不说党建宣传、健美操或拔河比赛，和一个学者本业有何关联；我最觉为难的是，一个人可以终日勤勤，忙于公务，但是否能将全年工作巨细不遗，填报在案？果然，面对这份表格，大部分人都不知所措；然若无法申报详明，就直接影响全年收入。

应付这类考核，其实也很简单，只要随身备一手册，做一事便记一条，年终结算，定然可观。但如此一来，学者的心思所注，是工作，还是记录工作？事实上，很多高校教师都会主动做些"工作量"之外的事情：与学生交流，带学生读书，开办讲座，外审论文，等等，不一而足。这些事务并无报酬，也未必获得奖励，再详尽的考核也难将其全部涵盖，而大家依然乐此不疲，不过是尽到学者本分而已。而一旦将工作全部量化，直接跟收入挂钩，结果必是多做多吃亏，还有多少人愿意继续从事这类费力不讨好的工作？说穿了，这类考核机制，只能鼓励锱铢必较的习惯，一个人在此氛围中熏习既久，即使不甘"从其小体"亦不可得。更重要的，它对中国学术将有致命影响：真正的学者都明白，斤斤计较的人绝难做出原创性成就，因他不愿把精力放在那些看似与利益无关的问题上，而带来人类知识突破的往往正是此类问题。大学肩负着为社会培养"大人"的使命，应多多鼓励学者"从其大体"才是。

也许，制定这类考核办法的人员，仅仅是因这样做比较便于"管理"。但须知功令所注，世风必随之而转，有司一举一动，皆应计及长久。学术管理的最好办法，还是不管。做学问是学者的事，管理者既不必也不能越俎代庖。若不能施加援手，至少不要施以斧斤。如此则幸甚。

# 必要的浪费

　　浪费二字，一向不是什么好词，到了现代社会，尤其被视作一桩大罪。许多物质性和制度性的设施，都是为了预防浪费而产生——前者如计时器，后者如储蓄单；在知识领域则有崇拜者甚众的"管理科学"，主要考虑的，都是怎样节约成本，提高效能，不妨说是一门研究如何不浪费的学科。然而，人的预见能力毕竟有限，再精准的计算，总有失误之时，浪费难以避免，无可奈何。

　　不过，这浪费毕竟是不得已的，此外还有一种，则是必要的、积极的浪费。我指的倒不是人类学家发现的"夸富宴"一类奇风异俗。曾读清人梁绍壬的《两般秋雨庵笔记》，内有一条：江南某贵公子，上京赶考，一路风流，到了北京，已将家中给的五千金盘缠全部挥霍干净，又因抱病不得入场，只有借贷回乡。其父本想痛责一番，不意在其囊中发现一卷诗稿，内有二句云："比来一病轻如燕，扶上雕鞍马不知。"转怒为喜道：有此两句，五千金花得值！

这还是 20 多年前上大学时读的，正正经经的书本一看便忘，不三不四的东西反而过目长存，人生自带浪费基因，恐怕非我一人独有。其实这两句诗乍看隽雅清利，骨子里却一派轻狂自怜，我以为并不算太好，不过这位父亲的雅量却使我印象甚深：有了这份雅量，何愁写不出真正的好诗？

思想、学术、文化这类原创性的工作，也是实验性的工作。一个想法，一部作品，在未经充分检验之前，包括作者在内，没有人能够笃定其价值几何，甚至无法断言它是否成立。用胡适的话说，这个时候，它只是一个"大胆假设"。必须经过"小心求证"之后，有些假设才得以存活下来，有效地改变我们对世界和人的看法，成为经典，但不可避免地，也必定会有一些假设被淘汰出局，而且其数目远远超过那些存活者。没有任何先验标准能够帮助我们跳过这些耗费时日的设计、证明、表述和检验的过程，而一举抵达真理所在，我想这正是"探索"这两个字的含义。探索，是从一片恍惚朦胧中，经过不断挣扎、奋斗，而使一个构想逐渐清晰起来的过程。无论是否成立，每个假设的成形和验证，都需要付出大量智力、精力和财力；而在大多数情形下，这都是一场智性的冒险游戏，游戏过程也是必要的浪费过程。没有必要的浪费，就没有文明。

人类心灵到底如何施行创造性工作，至今仍是一个谜团。不过有些学者承认，其中相当一部分内容是在无意识中进行的。日本心理学家河合隼雄根据荣格理论提出，人的心理能量在正常情形下是从无意识向意识流动的，但遇到惯常秩序崩溃的情形时，有些人的心理能量会从意识向无意识倒流，出现"退行"现象。这是一种病态行为，不过，一旦退行达到巅峰，发生逆转，心理能量重新由无意识流向意识，很有可能出现创造性突破。他举了一个例子：日本杰出数学家冈洁在发现多变数解析函数理论之前，常到朋友家中，躺在沙发上蒙头大睡，以致友人的太太开玩笑地说他是"嗜睡性脑炎"。当然，并非每一项创造都需要付出病态性的代价，但即使那些看似在游戏闲暇时刻妙手偶得的灵感，实际也都是人在无意识中艰辛劳动的结果。在这种情形下，意识的松懈和无意识的紧张，正是相反相成的两面，一个也不能少：如果意识不能松懈，一个人恐怕很难承受无意识的剧烈紧张。但设若我们只看到表面上的酣睡和游玩，则不以为那是浪费者几希！

第三个原因是，原创性的精神产品本身便是稀有之物。从事过这些工作的人都知道，在前人成就的基础上哪怕只是前进小小一步，都需要付出巨大心力，且并不必然保证有任何回报。有时，也许只是方向稍许偏离，或步伐略微失距，都会和目标擦肩而过。要获得精密的分寸感，就必须经过反反复复、小心翼翼的调试，这也是一种必要的浪费。

　　当然，上述这些论证能够成立，前提是我们要承认，精神创造成果带给我们的利益（包括物质的和精神的）远超我们的付出，"五千金"换取"两句诗"的代价是值得的。否则，任何理由都无法证明这些浪费的必要性。但倘若我们能够在这一点上达成共识，那么接下来的问题就是，我们对于思想、学术和文化领域中必要的浪费是否给予了充分保护？这是一个值得整个社会都来检讨的问题，而那些学术管理者尤应负起这份责任。

# 没什么了不起，可是……

　　梁实秋有篇文章，讲梁启超在清华学校的一次演讲，劈头两句，头一句是"启超没有什么学问"，第二句："可是也有一点喽。"梁实秋说，这话"这样谦逊同时又这样自负"。确实，头一句极谦逊，后一句也很谦逊，然而两句都是底气十足。我从梁任公那儿借用这个句式，并无自负之意，更谈不上谦逊，因为在这个话题上我连谦逊的资格也还没有。我要说的是：做学问，没什么了不起，"可是也有一点喽"。

　　做学问当然没什么了不起。科研不过是人类诸多职业中的一种，而且必须以其他职业的存在为前提，如若没有别的工作提供服务和产品，任何研究都无法进行。其次，做研究，不过就是发现和解决问题，虽和大多数人的日常生活经验有难易繁简的不同，也并非高不可攀。正常情况下，普通人经过严格和系统的训练，都可以多少获得一些科研能力。就连小朋友都可以搞"研究性学习"，抱一堆资料来，东翻西拣，自己寻找答案。

可是我想说的是第二句，就是那个"有一点"。这"一点"并不容易。一般说，从做硕士生起算，到成为一个相对成熟的学者，最快恐怕也要十年修为，而且这指的还是常规性研究，也就是在一个学术典范指导下进行的局部突破，离库恩所说的那种"科学革命"还差得远。在这十年中，一个知识学徒要试着提升自己的鉴赏力，具有更高的学术品位；训练自己的观察力，使之更加敏锐；拓展想象力，以少受拘缚；锤炼判断力，使之更加紧密；从事人文或社会科学的人，还应尽力锻铸更加精准、明晰的表达力。这些能力当然都不算稀有，但要完成一件像样的研究工作，常人生来具备的那些配件，就太粗糙了；要让它们精致细腻，没有全神投入是不行的。

这样看来，科研这回事，倒有点像《中庸》所说的"君子之道"：入手之处，"夫妇之愚，可以与之焉；及其至也，虽圣人亦有所不知焉"。做学问固然没什么了不起，可也不等于人人都能做，更不必人人都得做，尤其不是怎么做都行。

社会分工，重在差异，要求也自该有别。善于驾车的人未必善于养马，也不应就要他养马；若他养不好，亦不能据此判断他驾车也不行。这道理应不难懂。可是说到"研究"，似乎有人就另有思路。据我所知，目前很多地方都要求，升等就得发论文，至少在教育界如此，无论是中学还是大学；在大学里，不管是教学、科研还是行政人员，要评职称，也都有论文数量要求。但道理是：中学教师以教书为本业，只要教得好，就是好老师；不发表论文，不表明教学水平差，也不代表没有在教学方面做过研究，但他的研究成果应该透过教学质量反映出来；空有几篇"论文"，不经实践检验，等于空话。要求人人写论文，根本便文不对题，不但败坏学术标准，也鼓励大家不在本业下功夫，一味装点门面，终究毁坏各个行业的职业道德。

大学校园是这股风气的重灾区，近年更变本加厉。几乎所有大学都规定，研究生毕业，必须要发表若干论文；而很多学校也开始积极鼓动本科生参与科研，把发文章当作评定奖学金、保送研究生的条件。经此激励，有些本科生四年可以发表十几篇"论文"，虽然明眼人一看就知道是花钱买来的，但许多老师都如此，怎好意思指责学生？而且学校既有规定，白纸黑字，又怎能说话不算？奖学金的数目远超版面费，从商业角度看，这也是一笔"理性"投资，无怪乎学生群起效尤，"科研"蔚然成风。其实，学生的职责是"学习"研究，不是"从事"研究；直接跳过"学"的阶段，以为"研究"不过如此，不但本末倒置，抑且流弊无极。现在的成年人，限于功令，有些事不得不为，但心中尚存是非；待更年轻一代"学人"起来，恐怕就视为理所应当了。因此，更大的学术灾难也许还在后边，想来就让人心惊胆战。

这些规定的逻辑似乎是说，做学问是一桩难事，要显得优秀，就该高标准，严要求；可它的结果是让人把科研看得太简易。人人可为，势必人人不能为；"论文"虽众，至多不过一堆"文字"。灾梨祸枣，令人对学问起轻慢之心；学问不被尊重，一个民族的生命力也就到了尽头。可是这责任不应由普通人来负——实际也没几个人甘心糟蹋学林。祸源还是要追到管理者身上：制定何种规则，就是鼓励大家向什么方向发展；徒然高唱学术繁荣的调门，不若让大家各归本业，各得其所，学人安心治学，不助不忘，学问昌盛，自然不期而然；且从中受益者，绝不只是科研人员。

# 为台维干杯

　　10 多年前那个深秋，正和内子热恋时候，我们两人喜欢一起读金耀基先生的一本小书——《剑桥与海德堡》。临近初冬，成都的天气阴冷而潮湿，校园小路上法国梧桐的叶子被风追得哗啦啦到处跑，很有点金先生笔下英国的味道了。那时候，爱情和学问一起成为温暖心灵的一片小小的光。后来，内子到香港，经城市大学刘健先生介绍，前去拜访金先生，告诉他这件往事，金先生很高兴，把牛津大学出版社新印的《剑桥语丝》和《海德堡语丝》签名送给她，使她很得意。

　　金先生这两本书记下的是他在剑桥与海德堡两座大学城访问时的所见所闻所读所思，书里有对这两所学校自然与人文景观的描写，也有对大学制度演变的勾勒。重要的是，书中有"人"，有两校历史上大名鼎鼎的校友逸事，也有正在剑河畔"送夕阳、迎素月"的院士身影。不过，从初读这本书直到今天，我一直不能忘怀的是剑桥城里一座小书店的老板台维。

1896 年，这位旧书商来到剑桥，摆了一个小书摊，从此一待就是 40 年，直到 1936 年去世。40 年里，台维的书摊发展成为两个书店，在剑桥拥有无数顾客，包括经济学大师凯恩斯在内，都时常在这里驻足。由于他的书多且好，更由于他对读书人的爱敬之情，使他在剑桥的学者中获得了极高声誉。即便在战火纷飞的岁月里，他的小书店依然为读书人亮着灯光。"剑桥的老师宿儒为了表扬他对剑桥的贡献"，共同为他举办了一场大型餐会，"以台维先生为上宾。台维先生盛装前往。当老师宿儒对他大加表扬，为他举杯时，他感动得说不出话来，但他显然是快乐的。他把手中的酒一饮而尽，嘴里含着的那根雪茄却动也未动！"在台维去世后，剑桥大学出版社还为他出版了一本《剑桥的台维》。

这是一个令人温暖的故事。故事里的人都可爱。第一个可爱的是台维。他把卖书这件事做得庄严而伟大，以自己的方式维护了文化的尊严。第二个可爱的是剑桥那群读书人。他们知恩图报，善解人意，以接待自己人的方式表达对台维的敬意。此刻，没有了教授和书商的区别，他们共同沐浴在知识的荣耀中。

学问确乎是人类最伟大的事业之一。几乎在每一个正常的社会中，学者都享有崇高地位。然而，作为学者，这份荣誉并非他们自身发出的光芒，而是分享到的学问的光辉。这份光辉所及，也绝非独照学者一隅，而是所有那些愿意分享它的人。一件学问事业的成功，风光的往往只是书面上和论文题目下署名的那些人，但实际上还有为此做出贡献的更多的人，隐藏在字里行间、天头页脚，甚至根本一闪即灭，无声无息。

在这些名字里，最易为人所忽视的，恐怕要算一些工具书的编者了。我们今日的学术规范，引用要注明出处，书后有参考文献，这样做的考虑之一就是要对前人的研究表示尊重。但被引用书目中一般不包括工具书——词典、目录、索引等。这或者是认为工具书人人可看，过于普通；或者是认为工具书本是"工具"，本当雁过寒潭，不留踪影……不过，谁也不能否认，这种"工具"的用途大焉。尤其在今日知识生产成加速度增长的情况下，任何一个问题都有大量的相关研究成果和原始材料需要掌握，学者面对这个茫无边际的知识海洋，显然不是仅仅靠吃苦作舟即能轻易渡过。

1923 年，胡适为《国学季刊》写《发刊宣言》，提出国学研究所应注意的几个要点，第二点是"注重系统的整理"，其中第一部分便是"索引式的整理"。胡适指出，"若想学问进步增加速度，我们须想出法子来解放学者的精力，使他们的精力用在最经济的地方"。因此，要"把一切大部的书或不容易检查的书，一概编出索引，使人人能用古书"，这"是提倡国学的第一步"。实际上，这当然不仅仅适合于古书，而是一切学问的基础。以我个人从事的中国近现代史而论，哪怕是一个小问题，所须参考的资料也可能是汗牛充栋，而更可能又如大海捞针，没有适用的工具书做指引，研究近乎不可能。

20世纪80年代，国内曾出版过一批非常有用的工具书如《中国近代期刊篇目汇录》、《申报索引》等，曾是许多研究者案头必备的舟楫。然而，进入90年代以后，这类书似乎越来越少见了。我估计其中一个原因是这类工作吃力不讨好，在每个单位都要考核业绩，而所谓业绩又按照一些固定的标准分为三六九等且和职称、工资、待遇紧扣在一起的现实语境中，工具书因无"原创性"，往往并不被视为"成果"，或即便被当作成果也值不了几个"工分"，还不如写一篇炒陈饭的"论文"划算。能写几个字的人都去发表"论文"了，谁还来编工具书，为人作嫁？

现行学术体制原本是要鼓励原创性成果，却造成了大量的印刷垃圾，不能不说是一个讽刺。其实如果我们承认学术研究是一件艰辛之举，原非人人可为；且三百六十行，即便在与学术和文化直接相关的圈子里，除了发表论文，一个人的价值本可有更丰富的实现渠道，做好自己分内之事，就是贡献和成功，则本不必把发表视作职称评定和工作量核算的必要条件，而中国学术进步也就有了更切实的保障。

另一方面，学者对于为自己的工作做出贡献的幕后英雄也应抱有感恩之心，明白现代学术作为"集众性"的工作，绝非一二人所能为，学者为学也和图书管理员为我们找资料、学术书店的老板为我们供应廉价的善本一样，都是"尽本分"，而任何尽己所能做好自己本分的人都值得我们的敬重，这样方算是"真理的侍女"。最近陈平原教授在《中国现代小说的起点》新版序言里，特别讲到了"因系工具书，学者一般不会引用"的郑泽方的《中国近代文学史事编年》一书，说当年自己"进入晚清文学领域时，得益于此书良多"，还罗列了其他一些为研究者提供方便的索引和资料集，以向这些"没有进入'索引'的前辈学者表达敬意"。此意甚佳，让人看到中国学术界"为台维干杯"的希望。

# 大学也是失败者的保护力量

中山大学学生为校园内的鞋摊请命，我站在学生一边，并且因此想到我自己校园生活中的一些片段。

首先浮上心头的是一座大礼堂。那是一幢中式老建筑，青砖红瓦，老树掩映。做学生时候，我在这儿听过很多次演讲和报告，而最多的还是看电影。电影是周末放，周四下午就开始卖票，队总是排得老长。记忆最深的是看《三毛从军记》，这号称中国第一部"后现代主义"影片。那时后现代主义是个新名词，令人"不明觉厉"。因为只买到第一排最边上的座位，离屏幕很近，片中人都是扁扁的，我当时想：哦，原来这就是后现代主义！

到了夏天，树叶子渐渐明亮，大礼堂也热闹起来：即将毕业的情侣们在这里哭得死去活来，校园歌手们整夜整夜弹着吉他歌唱，似乎从不需要睡眠……

礼堂在10多年前被拆除，老树也全部伐去。原地建起一座暴发的乡政府风格的七层大楼，高高的台阶怕有一百多级，上楼时使人诚惶诚恐。楼身贴满白色瓷片，窗子装着蓝绿色的玻璃，楼顶是八个奇丑的鎏金大字："管理科学，兴国之道。"楼前两块草坪，各种了一棵矮矮的桂树。这是管理学院的办公楼，不是给快要离别的情侣们倾诉衷肠的场所，更不欢迎校园歌手的通宵吟唱。就这样，我那些陈年记忆失掉了见证，从此破碎不堪。

接下来的印象是一个人。我们都喊他张博士。他当然不是博士。他原来在重庆当工人，辞职到川大旁听，学俄语。他在学校多少年？我也不清楚，反正我读大学时他就在这里了。当时他住在我们宿舍楼的一座水房里，靠给食堂打扫卫生换饭吃，生活用品都是学生送的旧物。他情绪不错，每天乐呵呵的，不过也抱怨。有回我送他东西，他说：日用品我不缺啊，能不能呼吁一下，给我找个住的地方？后来他搬到了运动场边上一间装杂物的小屋里，我常看到他站在树下晨读。

一个俄国留学生知道了张博士的经历，介绍他去了俄罗斯，为中国民工做翻译。那也是 10 多年前的事了。

张博士离开不久，校园里又多了一个流浪者，往返于各种课堂和学术报告厅之间。他的兴趣似乎是哲学，常拉住人讨论非常高深的话题。有一个冬天傍晚，我在文科楼下，看到他在跳脚咒骂着什么。有人说他疯了。后来就再没有见过他。

在张博士和哲学爱好者之后，校园里似乎就没来过类似人物了。我总觉得少了什么。

第三个印象是一片树林。几栋矮矮的三层楼围起的一块空间,叫作绿杨村,学者谢文炳、吴天墀等都在这儿住过。不过现在已经没多少住户了,旁边也盖了几座新的高楼。园林茂密,春秋季节,引来大量过境候鸟,不乏珍品异种。这块不大的地方,被推荐为成都七个最佳观鸟基地之一,每年都有许多观鸟爱好者从全国各处赶来。我有时经过林边,看到这些装备齐全、一动不动的"鸟人",再看看周围渐渐增多的楼群,真是很担心,不知这片林子还能存在多久。

一幢楼,两个人,一群鸟,有联系吗?有。他们都是大学生活中的边缘角色,依附于大学而存在;也是这个社会里的弱者:看电影、谈恋爱、浅斟低唱,抵不过专司富强的"管理科学"。四处流浪的"民科",空有求知热情,可是连高考都通不过,更缺乏系统规训,甚至时刻有陷入癫狂的可能,也许根本就是潜在的危险分子。学校变作鸟的天堂,更因校园外已找不到多少良好的生存环境。可是我觉得,所有这些边缘的人、物、事,也应是一所大学不可缺少的角色。大学之"大",不仅像纽曼所说,"是一切知识和科学、事实和原理、探索和发现、实验和思索的高级保护力量",也应是一个社会里弱势和失败者的"保护力量"。

20 世纪 60 年代,美国作家约翰·威廉斯在小说《斯通纳》里说:大学"是给那些体弱、年迈、不满以及失去竞争力的人提供的休养所"。没错,大学要为社会培养有用人才。可它培养人才的方式，不是功利的，更不是势利的。它不能只据眉前三尺，就对事物的成败利钝做出评估，而应看得更深、更远、更多元。为此，它需要一种必不可少的浪费的权利；有了这个权利，它才能回报社会一个更开阔的未来——谁能说今日无用和失败的，就将永远无用和失败？退一步，即使它们真的就是失败者，在这个到处颂扬成功的社会里，也总得为不成功的人留一块空间吧；而有能力提供这空间的，除了大学，又有谁呢？

# 书斋与课堂，冷暖相通

大学里科研和教学本是相辅相成，但近年在中国似有不能两立之势。一方面，各学校都存在一些名牌教授不给本科生开课的情形，另一方面，在与个人待遇直接挂钩的职称评定体系中，科研又是最核心的竞争力。有些讲课效果极好、深受学生喜爱而科研成果不足的老师就非常吃亏，长期"沉沦下僚"，甚至以讲师"致仕"，令人叹息。舆论大约正是有鉴于此，纷纷提出大学老师也是老师，应以教学为首务。其意在纠偏，旗号正大，似乎也颇合逻辑，极具说服力。

不过，讲课好不好，实无统一标准。我曾写过一篇小文(《让"听不懂"的老师讲下去》，已收入本书)，说要能启发学生深思的老师才好，不一定嘴皮子利落，发表后被不少读者批评。故这里不妨让一步，改为"以多数学生的口碑"为标准，想来就会正确一些。但是这口碑也该放在一个相对长的时段中考量才是。上课插科打诨，考试力求简单，学生不费力气而得高分，自然欢喜无量。我这不是凭空而来的小人之想。事实上，网上有很多学校学生中流传的教师"黑名单"、"白名单"，仔细看看那些老师上榜的理由，就可以知道学生的喜好。然而年轻人也是会成长的。时过境迁，回忆当年最高兴的课，除了几句俏皮话外一无所获，也非罕例。在追求轻松的同时又能维持严谨而丰沛的知识的老师，近乎全才，可谓少之又少。他们或秉承"述而不作"的古训，纸面上的论著不足，却绝不可说没学问，自然不妨稍改规矩。可这是真正的贵宾席，不是人人可乘的经济舱；且也绝不意味大学老师要把科研放在次位，因为"贵宾"们并非不研究，只是不太写。

实际上，立言惟谨，在理想状态下，根本就应是学者群思仿效的"典型"，而不是"破格提升"的特例。然而，人人皆知，现下中国的学术评估体制离此理想实在过远。那些号称论著累累而升任教授以至博导者，未必个个拿得出让人信服的成果。子曰："惟名与器不可假人。"今日教授名器之滥，自难服众。不过，这是别一问题，不必牵涉教学和科研地位对等与否（中国目前的一大问题乃是问题丛脞，又彼此纠结，加之标准混乱，你要牵一发，就有人动全身，以致欲寻纾解之道，实在头绪纷繁，只有不了了之，所以有时不妨先把问题之间的界限划分清楚，再思一个个解决的方案）。其解决办法乃是平心静气，体会学问二字的真精神，使学术戒律转为内在气质。不过，如此一来，身居上庠者的科研压力只会增大，不会减少。

缓和大学里教学与科研的紧张，须先从弄清大学性质入手。自 19 世纪德国学者洪堡提出大学不仅是教学机关，还是一个科研机关的理念后，拓展人类知识的疆界就成为大学最重要的使命之一。蔡元培强调大学是"研究高深学问的地方"，即直接承袭自此。德国哲学家雅斯贝尔斯对此也做过清楚的说明：大学乃是"一个将以献身科学真理的探索和传播为志业的人们联合起来的机构"，故科学研究乃是"大学的第一要务"，而"大学第二位的工作是教学，因为真理也必须得到传播"。科研乃是大学教学的源头活水，源不浚而欲流之远，可乎？

强调大学里教学最重要的人常说：你既喜欢科研，为何不去研究所？大学本来就是学校啊！此话中有话，意味着大学教学以传播定型知识为主，无须高深学问，潜意识大概正有小视本科教学之意。其实，大学教育除了传播知识之外，也有培养学术后备人才的任务。本科生虽然层次稍低，尚谈不到研究二字，但正是打基础阶段，此后何去何从，一大半系于此时。前人讲："学者先立其大。"入门阶段正需好老师引领，方不至误入旁门。即使以后不做学问的学生，在大学阶段多多亲近"善知识"，也有助于养成雍容开阔的气象，此后做人做事，均可想得深些、细些、远些，少一点鲁莽灭裂。但倘若老师自己就没有多少治学心得，又如何使受学者体会学术的庄严与伟大？更谈不上传递为学的快乐和幸福了。如此，讲课只能是贩卖陈辞旧调，岂不辱没了教学的名声？

反过来，一所学术单位，只要有大师坐镇，即使不能出来为本科生开课，也可以提供一个"典型"，形成一种无所不在的气氛，对后学产生润物无声的影响。20世纪50年代初，杨树达在湖南大学，因为"不授课而支薪"，深感不安。领导亲自上门说："积学者贡献研究同一有裨于文化，不应与寻常人一例"，而"遇老（杨树达字遇夫）在此，足为多士楷模，其作用不必在上课"。这几句话识见高远，意味深长，直揭大学的真正意义所在，个中道理值得今人深思（当然，我举这个例子，绝非要为那些只顾营私而不肯为学生开课的教授开脱，请读者明察）。可怜的是，今日中国大学诸多弊端，恰是因为包括大学老师在内的相当一批人对何谓大学和学术已是不知所云，而绝不是科研比教学地位高所造成的。实际的情形恐怕是，在我们的大学中，科研和教学的地位都不高。

大学是一个社会中"高级知识"的保护力量。她吸引了那些以读书为乐趣的年轻人，也需要以学术为终身志业的老教授；她为前者提供安心思考的环境和值得信赖的指导，为后者提供意想不到的启发和薪尽火传的慰安。寂寞的书斋和不寂寞的课堂冷暖相通，学术得以在智识对流中萌发长大，才可为我们的社会回馈最动人的希望。

# 不妨少上课

1935年秋，任鸿隽接长四川大学，推出一项改革措施：减少课程数目，缩减教师的课时量要求，以便师生都能"有多的时间去讨论与研究"。这看起来有些怪，因为今天流行的说法是，大学也是学校，学校就应把教学放在首位，"不上课"的大学还是大学吗？

且少安勿躁，不妨从最基本的问题谈起：社会为何需要大学？把一群具有最优秀头脑也正当最好年纪的人聚在一起，给他们一个宽松、自由的环境，使他们免受"俗务"打扰，无忧无虑地度过四年乃至更长光阴，所为何来？如若仅是要他们学习更多知识，以备职场所需，未免有些得不偿失。且不说知识更新速度的加快使得任何现成知识不久便成明日黄花，即便从事实上看，不是有很多人抱怨，大学毕业生的"实用度"不高吗？耗费如许资源去培育许多无用"人才"，岂非愚不可及？

单从职业应用的角度看，大学的成绩恐怕还不如技术学校。不过，大学原本也不是为职业培训而设置的。

任何一个健康社会，除了实用性、物质性的需要，必然还有更高一层理想，有心智的需求，即使贫穷潦倒，生活中也还是要有诗歌、艺术、哲学、记忆，哪怕仅仅出于好奇，也还想了解自己，想知道天外边是什么……大学，在根本的意义上，正是为了满足此类"不急之务"而存在。

近代早期欧洲的年轻贵族在结婚或担任公职之前，大都要在私人教师或仆人陪同下，远赴异国，学习外语，观摩风俗，少则一二年，多则六七年，看起来无所事事，实际则有如成年仪式，必不可缺。有些佛教国家的男孩在成人之前，也要有段出家经验。现代大学对人生的意义，或与此仿佛：其使命是为社会中的优秀年轻人提供一段"学术生活"的历练。这当然不是说要把他们每个人都培养成为学者——这既不可能也不必要，但是，无论他们将来从事何种职业，大学都应是一段无从替代的经历。学术生活的训练，不仅使他们养成尊重知识的态度，在实际工作中认真听取真正专家的建议，不至颟顸莽撞；更重要的，也将从根底处型塑他们的人生取向和思想方式。

那么，怎样才算过上学术生活？掌握现成知识——无论其有多么高深和前卫——显然是不够的。学术生活意味着，一个人经过严格、系统的训练，学会独立思索和探寻真理的能力，最终成就运用自己头脑的习惯。要达到这一目标，不能仅靠通常所谓"上课"，即便是号称"研究性"和"讨论性"的课程，所起的作用也还是第二位的；更重要的应是学习者在求知欲望和实践中的主动性。在此意义上，所有的教育都是自我教育。教师的任务乃是激发学生的智识热情，将他们领进门去，送上一程，而更关键的，是在适当时候挥手告别，将探索知识的任务交还学生本人。课堂教学是为此提供必不可少的入门培训，好比盖楼时所用的脚手架，大厦竣工，其使命随之终结。

讲过这一层，我们对任鸿隽当年的举措应会产生一种"了解之同情"：脚手架之于建筑固属必不可少，但搭设再多脚手架，也不是建筑物本身。课程太多，不可避免地要占去学生阅读、思考、讨论和探索的时间，而这些才应是学术生活中最关键的环节。然而，只要看看各专业课表和本科毕业所需学分数的规定就可以知道，今日国中各大学所热衷的偏偏就是搭建脚手架，师生皆在课堂上耗费太多光阴，无怪学生除了考试，一无所能。所以，中国大学教育的根本弊端，并不是（至少并不完全是）忽视了教学这种形式，而是无法提供起码的学术生活，甚至根本就缺乏"学术生活"的观念。没错，大学当然是学校，可是当论者心中的"学校"是以中小学为参照系的时候，这句话实际已背离了大学之真意。生产出许多不知如何运用、实际也根本无意运用自己头脑的"人才"，正是其必然结果。可是对此结果，许多大学的应对方案却是继续添设许多与职业"无缝接轨"的课程，无异饮鸩止渴，治丝益棼，去道愈远。

# 太阳比灯照得远

　　前段时间陪几位老先生吃饭，听到一则周谷城先生的逸事。某次周先生在课堂上谈起毛泽东在游泳池里，一个猛子从深水区扎进去，就从浅水区游出来了。"同学们，主席这是深入浅出啊！我不行，我是浅入深出。"席间大笑。

　　深入浅出是作文、演说者追求的妙境。即便是窄而深的专业论文，作者也希望研究心得能多为几个读者了解，遣词造句，字斟句酌，唯恐不够严密周全。普及性的作品既然立意要"和普通人发生交涉"，更须放低身段，寓教于乐，使人于大欢喜中领会无上甚深的妙义。然而深入浅出也是一个极高的要求，其中关节在于，作者先须"深入"才行。这道理古人说得很清楚。《易·系辞》云："惟深也，能通天下之志。"李斯《谏逐客书》有"随俗雅化"一词，唐司马贞解说："闲雅变化，而能通俗也。"雅能通俗，则其重点在雅，和今日通俗一词落在俗上不同。

不过，这一认知在清季民初就开始发生变化。有人提出，中国传统教育，从文字到内容均过于高深，不便"下流社会"掌握。"天地玄黄，宇宙洪荒"迂阔玄远，何如"叮当叮，上午八点钟了，我们上学去"一类文字浅白清新？多年过去，中国今日的教育程度已较当日"普及"时期高出许多，精神文明的需求也随之增长，这单看以讲史为主的"百家讲坛"节目之红火即可知一二。几位"坛主"广受追捧，风气所及，像我这类治史者也跟着沾光，亲友或以能上"讲坛"为祝，则其在普通民众间，确乎代表了"学术"的形象。

过去所谓"引车卖浆者流"不再只关注柴米油盐，而想知道一点学术，无论如何都是一件好事。这也可以部分地解释为何讲坛诸子常受"学院派"的打击而声望依然高居不下。坛主们受欢迎，固有其个人魅力在，但民众对学术兴趣日浓，才是真正的源头。学院派仅在知识学理上寻瘢索瑕，而不提供另一套更好的替代版本，对一般听众而言，正是文不对题，宜乎影响有限。

然而话说回来，民众的要求既高，则供应方总须拿出点精品才是。如果所述都是"大禹可能有婚外情"、"貂蝉死在成都"一类雷人结论，则除了误导听众进而败坏民众对学术的兴味外，还有何意义？当然，假如作者光明正大地承认这只是"戏说"或是"演义"，问题倒也不大，因那是"艺术"，和"学术"是两条道上跑的车，有不同的准则。然作者偏以学者身份出现，且确乎被听众认可，则此中分际，不可不辨。

自然，不是每一位坛主都这般信口开河，然所谓"硬伤"似也不少。这不知是否因讲者的潜意识里认为这只是"普及"，随便一点没关系。倘果真如此，则其罪过大矣。"随便"二字绝不随便。孔子自称 15 岁"有志于学"，到 70 岁才做到"从心所欲，不逾矩"，那从容洒落的背后，原是 50 多年的克己修为。否则举手投足，一味放肆，何异小人？讲学的道理也一样。要做到挥洒自如、谈笑风生，一定的研究工夫必不可少，至少须把既存成果融会贯通，学养深邃，难度恐不亚于写一篇合格的专业论文。

更重要的是，这看来只是普及中的问题，实际上或更暴露出学院中研究的危机。与不少学人纷纷出位，通过各种方式和渠道走向大众相应，常听人说有些学术著作的读者不过只是几个专业人士，言下甚为惋惜。不过，钱锺书早就说过，"大抵学问乃荒江野老屋中二三素心人商量培养之事"，则其本不需考虑争取读者一类问题（据说"文化大革命"时期连一些公社甚至大队都订有《历史研究》，但恐怕无人认为那是历史学繁荣的标志，因那时的《历史研究》极"不学术"也）。坦白说，有些学者对"普及"的热心，难免贪慕浮名之讥。一般而言，学人的常态还应是目不窥园，暂从普及的队伍里退出来，及学有余力之时再出而为人，庶可少些偏颇。而学界有深度见解的研究增多，提供给专门肆力于普及工作的人士参考，则其格调必不俗。水涨船高，普罗大众的知识兴味或也能持久不衰。

1920年9月，胡适曾在北京大学开学典礼上批评其时热衷于"传播"新文化的人，说他们不过是"拿着几个半生不熟的名词……你递给我，我递给你"，美其名曰"普及"；而北大师生应该去做的是创造性的"提高"工作，以满足社会上真正的"智识饥荒"。他说："只有提高才能真普及，越'提'得'高'，越'及'得'普'。你看，桌上的灯决不如屋顶的灯照得远，屋顶的灯更不如高高在上的太阳照得远，就是这个道理。"90多年过去了，太阳仍比屋顶的灯照得远。

# 要看鸢飞鱼跃时

本校一二年级学生所在的江安校区，被一条河穿过，学校引水成湖，面积颇大。岸上遍植草木，杂花盛开时，繁茂葱郁，生机勃勃。湖中有白鹭，偶尔飞过课室窗前，会把人的想象和目光一起带到很远的地方。河边立了一块大石，上刻《荀子·宥坐篇》中的一段：

孔子观于东流之水。子贡问于孔子曰："君子之所以见大水必观焉者，是何？"孔子曰："夫水，大遍与诸生而无为也，似德；其流也，埤下裾拘，必循其理，似义；其洸洸乎不淈尽，似道；若有决行之，其应佚若声响，其赴百仞之谷不惧，似勇；主量必平，似法；盈不求概，似正；淖约微达，似察；以出以入，以就鲜洁，似善化；其万折也必东，似志。是故君子见大水必观焉。"

这段话大约是要提醒学生在"天文"里体会"人文"，

在"物理"中发现"人性"。这使我想起这个校区最初建成的几年，包括图书馆在内的设施都不完备，老师下课就要匆匆离开，学生颇为苦闷，以为这只是一所大的中学。有时听到他们抱怨，我在同情之外，也建议他们不妨多读读这通碑，在水边走走，鸢飞鱼跃也可当作一本书看。这当然也有"退一步"的意味，但实际也不全出无奈。近年情形大有改观，而我仍然觉得有倡导"君子见大水必观"的必要。不过，许多学生虽然每天走过这块碑前，却似乎很少人注意上面的文字。

有年春天，江安校区在八天里发生了两起凶杀案。据校方报告，其中一起凶案的主角是因为进入大学之后，成绩与中学时代相比落差较大，加之某些家庭因素影响，心情抑郁，导致悲剧发生。另一桩则是缘于同学之间发生争执，其中一位一时冲动所致。事件发生后，校方再次强调关心学生的心理健康，而且要求老师多加疏导。这当然是对的。不过，此事也不能看作一个单纯的"心理健康"问题，其根源也不仅是大学种下的，而和整个现行教育体制的导向相关，学界应该对此类事件作多方位反省。由于其中一起案子正发生在湖边，使我联想到孔子论水的话，再次感到，多多培养学生亲近自然的能力也是一件重要的事。

我当然不是说倘若当事人多看些山光水色，便一定不会发生这类悲剧。但我的偏见，总以为山水花木能够涤荡人的心胸，使人知道平日固执的一个"我"在世界上其实微渺短暂，学会把烦忧放下，一切从长计议，不再局于眼前一隅，气象或者会变得更加开阔明朗。中国过去的宇宙观强调自然本是大化流行，而人作为天地间的一点灵明，可以体会并主动参与赞助这生机的流动。理学家常令人体会"鸢飞鱼跃"，在这种境界中，万物皆尽其天性，"活泼泼的"，该是何等自由！然而这自由正要人来体贴。周敦颐窗前长满青草而不除，说是"与自家意思一般"。一颗常在这活泼意境滋养发育中的心灵，又怎会冲动到动手伤人？

人观赏自然，最初或者只是因为要耽于耳目的愉悦，唯一旦忘怀自我，融入其中，心上便不自觉地起一种模仿作用。其实这模仿十有八九也只是把自己心中原本存在而为日常生活所掩盖的各类价值观投射到景物中，但是经过此一番曲折往复，原有的价值观获得肯定，人的情感也得以"升华"或"净化"。不过，这种解释虽然可能更为科学，却不够"可爱"；因此，我倒更愿用过去"不科学"的说法，称之为"养气"。传统"养气"的途径很多，静观自然不过是其中一种，然而也可能是最重要的一种。如果我们相信人是由天地化育而成，其最终安顿处当然也只能在天地之间，没有什么东西能够轻易替代自然的抚慰，因此，任何一种文化都要给人开放一条"通天"的大道才行。

但亲近自然的训练在当前中国教育界已是稀缺资源。据说许多中小学连郊游一类活动都已取消，遑论其他。校方做出这种决定，当然有很多实际的考虑，而从深层来看，都可追究到单纯技术导向的"教育"理念上（这其实不是教育，真正的教育是帮助学生"成人"，而不是练成"有用"的"工具"）：如果培养学生的应试水平成为"教育"唯一的、至少也是最重要的目标的话，鸢飞鱼跃也只能是生物课本上一幅图片，何来活泼生气？今日最先进的飞行器已经把人送上太空，但我们原本敞开的天人沟通的大门却越闭越紧，其故何在？我们又要做些什么，才能把这扇大门重新打开？如果我们真的关心中国的未来，就该好好寻求一下答案。

# 创造力与真权威

近 20 年来，思想界对新文化运动以来的全盘反传统主义进行了不少反思，但似乎并不深入。为什么全面抛弃传统是不对的？恐怕今天也还需要解释。据我有限的阅读来看，林毓生先生的《中国传统的创造性转化》一书大概是从学理上对此讲得最为清晰的著作之一。

这本书有一条主线，即"自由"和"权威"的关系。我们通常认为，它们是相互排斥的：要自由，就必须打倒权威；要创造，就必须放弃传统。但林先生根据经济学家哈耶克和科学哲学家米歇尔·普兰尼的理论指出，"一个稳定而不僵固的传统架构"是自由和创造力必不可少的支撑。哈耶克提出，自由秩序得以成立的一个重要前提是人们"必须遵守普遍的、抽象的规则"。由于这些规则是抽象的，无法"加以形式的明确说明"，故其传承主要是通过人们对"他所信服的权威人士的具体行为所展示的风格"的模仿，而不是通过对那些可以被条理化、形式化的"方法论"的掌握。

这个道理较一般人接受的信条更加曲折深细，为了将其解释清楚，必须进一步援引普兰尼的学说。普氏认为，"影响一个人研究与创造的最重要因素"是他自己也"不能明说的、从他的文化与教育背景中经由潜移默化而得"的那种"未可言明的知识"，其传授只能通过模仿，而无法加以"形式化"。这听起来似乎有些玄，但其实中国人对此方法本来最熟悉不过。过去学书、作诗，都要先从临摹做起：朝夕临摹最合自己才性的大家作品，直到可以乱真，然后便可以抛开故径，试着走出自己的道路了，这叫作"有所法而后能，有所变而后大"。临摹是"法"，创造是"变"；未经"法"，不可言"变"，何况"大"？

权威之于创新的重要性如此。但我们却习惯了批评中国传统教育太重模仿，而今日国人更从小就懂得"张扬个性"的重要，可是，与此同时，我们也都在哀叹中国现在没有"大师"——原因呢？大家异口同声：因为我们的教育还不够有"个性"，学生只会"模仿"。诚然，诚然！作为现象，确是如此。但我们也应想一想，我们的孩子在"模仿"什么？是那种具有真正创造力的大师所创作的经典和他们解决问题的实例，还是被简单归纳为一些枯燥无味的"知识点"的教科书？进一步，他们有过真正的"模仿"吗？抑或只是"做题"？

将权威和创造、自由对立起来，和把教育看作"知识点"的传授，两者看似无关，却犯了同样错误，用林毓生的话说，就是"形式主义的谬误"。所谓"形式主义的谬误"，是把一个观念从其所由产生的特殊历史语境和演化脉络里抽离出来，变作几个标签和口号的做法。林先生强调，诸如"个性"、"创造"、"自由"，乃至"民主"与"科学"等，都是西洋历史中长期演变而成的，有其极为复杂的层次和背景，无法简单处置。他特别举出"民主"的例子，指出民主乃是一种"最不坏的制度"，它未必就有利于产生"独立精神"，往往还恰好相反，更不必说它能解决一切社会问题了。但林先生是个真正的自由主义信徒，说这些显然不是为了反对民主。其用意何在？亦应放到中国近代以来的历史脉络中才能准确把握。然而要做到此点也不容易，盖今日国人无论左右，都更容易接受"口号"而非"思想"之故也。

那么，怎样避免"形式主义的谬误"？林先生提出了几个建议。其中消极性的如"不可过分重视逻辑与方法论"，更积极性的如要采取"比慢"态度、要注重问题的"特殊性"和"具体性"等，都是一些"惊人之语"，实际却特别具有针对性，相信对好学深思之士会有醍醐灌顶的效应。而林先生自己践行这些观念所取法的权威和具体的道路，书中也有两篇文章涉及：《哈耶克教授》谈他的老师，《一个培育博士的独特机构》谈他读书的学校，已做了细致描述，提供了一幅"知识贵族"的生动画面，读者自可参看，不须概括，也不能概括。

我初读此书是在上大学时候，至今已是20多年，中间不时温习、消化。尽管我今天觉得，林先生关于中国思想史和文化史的一些判断不无可商之处，但 20 余年前被开启的心智之窗，如今仍是照耀我前行的光亮。这是一个读者的感恩，希望也把这感受传递给他人。

# 虚悬的"逻辑"

晚清以来，国人向慕西学，开始还说是中体西用，但在学习过程中，不知不觉为西人所化，反身自省，便觉一无是处。中国没有"史学"、"哲学"、"科学"，都有人说。更有人总结诸说，断言中国之所以没有这许多"学"，皆因缺乏"逻辑学"之故。此论一出，赞同者甚众。于是，作为一种补救，不少人便养成了崇拜"逻辑"的习惯。金岳霖回忆年轻时候有次听张奚若和一个美国人辩论："他们都说彼此不通，他们好像都提到逻辑。我也参加了争论，但是，我可不知道逻辑是什么，他们好像也不太清楚。"冯友兰也说，在清末民初，严复翻译的《穆勒名学》和《名学浅说》"能读的人并不很多"，但二书却负有"盛名"。

"不知道逻辑是什么"，却拿它攻击别人"不通"，一方面彰显了"逻辑"地位之高，另一方面也提示出它在实际上已成为一个虚悬的象征。这在今天也还不少例证。我们常听人说文科生"感性"、理科生"理性"一类的话。

当然，不同学科的思维方式总有差异，长期受到某一学科训练，势必影响一个人的思考习惯，但这种差异似还未大到可以用"感性"和"理性"区分的地步。得到学界公认的学科，没有哪个主要靠"感性"就能成立（即使最"感性"的"文学"，在学术界多数也是指"研究"而非"创作"，但创作也不能没有"理性"的参与），更没有哪个学科是"不理性"的。换言之，一般所谓"理性"是所有学科的共同要求，而非某些学科所独擅的。反过来，理科是不是就不需要"感性"？恐怕也还是一个问题，至少，它要依赖于我们怎样对"感性"一词加以界定。经济学家麦克洛斯基就坦率指出："科学在其最核心处也需要人文主义（譬如文学方法）；同样，人文学科也需要事实和逻辑。"而麦氏自己就率先揭示了看似最讲逻辑的经济学实际也大量使用"修辞"这一貌似只有文学家才关心的手段。

其次，这类说法也混淆了学科和学人两个领域。学科训练虽然可以影响学者的思考方式，但某一具体个人的特定作为与其所研习的学科之间又无必然的对应关系。有学者为了证明文科生如"不掌握中学理科知识，理性思维能力就可能差一点"，曾举出韩愈《原道》中的一段话："古之为民者四，今之为民者六。……农之家一，而食粟之家六。工之家一，而用器之家六。商之家一，而资焉之家六。奈之何民不穷且盗也！"（按"古之为民者四"，指士农工商；"今之为民者六"指士农工商加上僧道)他从这段话中发现：韩愈的"数学太差了!"因为韩愈"'理所当然'地认为每一类的家庭数目都是相等的"，而"没意识'农'类人数远远超过其他五类"。应该说，倘作者的解释无误，则韩愈确实搞错了，但问题是，这也未必就是韩愈的数学水平不行之故。当年地质学家丁文江曾以省为单位，统计了中国历代人才的地理分布情况，但傅斯年就批评说，"省"是元以后才有的行政建制，拿它作为统计单位，反而把很多历史问题搞乱了。可是我们并不能因此就判断丁文江的"理性思维能力"太差，或者也应想到其一时思虑不周的可能。

比这更妙的是最近一位"教育心理学家"的高论：汉语缺少逻辑"基因"，所以以汉语为母语的人群就缺少逻辑思维，中国人至今无缘诺贝尔科学技术类奖项便与此有关。这话的荒唐，只要看看李约瑟的《中国科技史》就可以知道，那里至少有不少"技术"发明。当然，心理学家可以说其所谓"汉语"是现代汉语，与古人无关；但若以西洋的语法为标尺（然我实不同意，这里姑且退一步）的话，则现代汉语显然较古人的文法要更合"逻辑"。不过这话也不是"教育心理学家"的孤明独发，同样是清末已经有之。他们的主要理由是，中国文法不如西文那样有明显的性、数、格的变化，结构灵活，因此便不够"精确"；因为语言不精确，所以思维就不严密；因为思维不严密，所以就没有科学。但是我们知道，和德语、法语比起来，现代英语的结构就要灵活和简便很多，而以英语为母语的人在科技方面的贡献似乎并不比讲德语或法语的人少。事实上，语言和思维之间是否具有直接的对应关系，今天的语言学家已有不少质疑；如果"教育心理学家"不读语言学著作的话，至少也应该看看史蒂芬·平克的《语言本能》，这可是正儿八经的心理学专业著作。

我写这篇文章当然不是想证明我比人家更"理性"。坦白说，我除了掌握一点粗浅知识，知道形式逻辑、辩证逻辑、矛盾律、同一律之类的名词外，并未系统钻研过逻辑学。但我真心不觉得这是什么大不了的事，对于并不从事专业逻辑研究的人而言，言必有据、论证周延，下结论时尽可能地审慎，最重要的是对自己脑子里一些"理所当然"的判断严加警惕，大概也可以"虽不中，亦不远"了。逻辑是思维的方法，但似乎也不必先掌握了方法才能思考，况且方法也不能自动产生思想和知识，在逻辑之上或之外，亦还有其他的境界。写到这里，想起汪曾祺讲他读西南联大时听金岳霖讲课的故事，抄在这里，聊博读者一笑：

> 有一个华侨同学叫林国达，操广东普通话，最爱提问题，问题大都奇奇怪怪。他大概觉得逻辑这门学问是挺"玄"的，应该提些怪问题。有一次他又站起来提了一个怪问题，金先生想了一想，说：

"林国达同学，我问你一个问题：'Mr. 林国达 is perpendicular to the blackboard(林国达君垂直于黑板)，这是什么意思?'"林国达傻了。林国达当然无法垂直于黑板，但这句话在逻辑上没有错误。

# 美与真的通途

　　湖南科技出版社曾出版过诺贝尔物理学奖得主钱德拉塞卡的一本小书《莎士比亚、牛顿和贝多芬》。这书英文原题作《真和美》，译者为了吸引读者，改用今题。我当初注意到它，也确是受了书名诱引：这三个人怎么凑到了一起？而作者还是个物理学家。打开书，呵，不止他们，雪莱、华兹华斯、济慈和怀特海也纷纷出场，作者对他们的著作随意驱遣，显然不是临时找了本名人字典抄来的，必是寝馈其中已久，烂熟于胸。书里有趣的地方很多，如谈爱丁顿对天体物理学的贡献，却充满了各种生活细节：他喜欢编一些"语法正确却无实际意义的英文句子"以为游戏；他爱在春秋两季骑自行车旅行；他说"人类个性无法用符号来估量"，好比不能算出十四行诗的"平方根"……这些描绘打开了一扇进入爱丁顿生活世界的大门，令人不由不喜欢起这个人。钱氏对此流露出激赏神色，那么他自己也一定是个妙人。

　　作者兼具人文学问与自然科学两种修养，对不同知识形态的差别有深刻体会，但更重要的却是他对二者"共同点"的强调："艺术和科学都追求一个不可捉摸的东西——美。"这不但和很多科学门外汉所想不同，也是许多"专业"为科学"把门"的人坚决反对的。不过，钱氏自有证人。他先援引彭加勒的话：科学家研究自然，"不是因为这样做很有用"，而是"因为他们从中得到了乐趣"，最终则是"因为它美"。接下来，又引证数学天才拉玛努扬，物理学家玻耳兹曼、爱因斯坦、海森堡的例子，表明科学家有时是凭借直觉"感受到真理"的，并进一步断言："一个具有极强美学敏感性的科学家，他所提出的理论即使开始不那么真，但最终可能是真的。"何以如此？钱氏引用物理学神童泡利所说："从最初无序的经验材料通向理念的桥梁"，乃是早就"存在于人类灵魂中无意识领域"的"原始意象"，"它们不是被思考出来的，而是像图形一样被感知到的"，因此，"千万不要断言理性认识所建立的东西，是人类理性唯一可能的推测"。

钱氏引用的例子，包括他本人在内，皆是在科学史上做出大贡献的人，故他们所言，绝非故作玄虚。或者有人说，这些人所说的"美"并非通常所谓的"美"。这倒是真的，广义相对论被许多科学家认为"很优美"，但显然只有内行才能欣赏，我等只有瞠目结舌。为了解释在自然科学中什么才是"美"，钱氏选定了两条标准：一是培根说的"奇异的均衡"（所谓"奇异"是指出人意料），二是海森堡说的"各部分之间以及各部分与整体之间的固有的和谐"。这"均衡"与"和谐"当然也要专业人士才看得懂，但至少从字面看，确和一部伟大艺术作品给我们的感受相通，而这大约也正是那些伟大科学家挑选这个词来描述自己体会的原因。

通常认为，科学的目标是求真，自然应以精密为标准，美则充满了多元理解的可能，但钱德拉塞卡告诉我们，这看来遥遥相望的两端，却存在着一条隐秘通道。分析他征引的文献，对理解这个问题来说，至少有三点值得注意：第一，科学研究的动力是非功利的。第二，大科学家在宇宙中体会到一种内在的"意义"。第三，艺术和科学的创造模式虽不同，心灵的感受则无二致。自然，不要说普通人，恐怕连一般的科学家也未必知晓这条通道的存在。但钱氏也特别指出："创造的欢乐"并不"只限于几个幸运的人"，相反，"只要努力去领会"那"奇异的均衡"与"和谐"，"我们都有机会体验美和创造的欢欣"。这样说来，我们和伟大学者之间的距离不是社会的，而是心灵的。

《易·系辞》说："天下百虑而一致，殊途而同归。"不同学科的一流学者皆可相互欣赏，体会另一种思考方式的启迪，自己的心灵也在无形中放大，这正是他们成为一流的原因。我们看钱德拉塞卡和他笔下那些大师们的人文素养，自不难领会及此。当然，加强人文修养并不必然保障了科学的成功，但如果对此毫无体会，只是自居为科学大院的守门人，专职检查来往过客是否可疑，兼职与其他大院的守门人彼此叫骂，终身未尝登堂，何由入室！不过这对积累社会声名倒是捷径，较之荒江野老屋中寂寞生涯闹热许多，有些年轻学人不明就里，跟在后边摇旗呐喊，以为很快即可成为学者，殊不知科学的"门卫"未必更为"科学"，虽然确乎是个"门卫"——然而，这大约也并非青年人们的理想。

# 人人都懂，何以也能伟大

有个流传很广的故事：爱因斯坦遇到卓别林，两人互道仰慕之情。爱因斯坦对卓别林说，您真伟大，您的电影妇孺皆懂。卓别林回答道，您也很伟大，相对论几乎没人明白。李政道先生在《纪念爱因斯坦》一文中也讲过这事，版本大同小异。此类名人逸闻的真实度有多高，不好说，不过最近看到几篇争论文理科优劣的文章，觉得有些道理还可阐发，这个故事恰好凑手。虽然卓别林从事的是艺术，和一般"文科"有些距离，但从道理上说，不同领域伟人的"伟大"方式可以不同，甚且相反，证明了学科之争很多时候就是闹闲气。

文理科之争，现实的背景是文科生在社会上处于弱势。我也是学文科的，此时高呼大家皆"伟大"，是不是有浑水摸鱼的嫌疑——放出"学术"二字烟雾，趁机溜进有身份人的队伍？当然不是。但"物以稀为贵"，不管是学术还是艺术，几乎没人弄明白，在很多人心中也就是智力门槛高的表现，当然也就"伟大"；一门你懂我也懂的学问，何以也能伟大起来？抛开肤浅的实利主义立场，这种"智商差异论"也是很多人歧视文科的理由。要洗清自己的嫌疑，得把道理说清。

确实，一般认为，文科较理科容易掌握。林文月教授的儿子问她，先入理工再兼修人文，与从事人文而兼修理工，哪一种可能性大？研究文学的林文月老实承认，还是前者更有可能：语文训练一旦打下基础，"余下来思想和感情方面的事情，是可以自修体验得来，而表达的技巧等问题，也可以从多读勤写培养出来；至于实验演算等事情，却须要点滴的学习积累才行"。事实如此，我就见识过几位理工科学生，人文知识和素养都颇值称道；但文科生而兼习"相对论"者，似乎尚未闻睹。

不过，这恐怕更多地和现行教育体制及社会心态有关，并不真就意味着文科的智力门槛比理科低。目前国内的中小学教育并不注意培养甚至会扼杀学生对知识和探索发生真正兴味，很多学生"偏科"，未必就真是学不会，可能只是其知识兴趣没有被激活；而许多家长乃至学校也都倾向于鼓励学生选读理工科，文科被视为退而求其次的选择。在这种体制和心态的诱导下，整个社会的知识环境有意无意造就了文科的弱势地位，进而促成了学生在专业上的实际分化。

其实，文科之所以让人产生人人皆可懂的感觉，主要因其研究的正是日用人生，与所有人的生活皆直接相通，不管是"思想"还是"感情"，大家似乎都有"体验"。
然而，这并不足成为歧视文科的理由，大家自认都懂的
东西，其实未必真那么容易明白（我指的不是靠故弄玄
虚使人昏昏的那类东西）。不论是各界精英还是普罗大
众，各种各样的人生体会和社会现象皆是文科学者所应
关注者，但任一现象和事实也都不能仅靠其自身来说
明，必须放到一个更加广阔而立体的事实与意义网络中
加以理解。在现实世界里，常人皆有各种"实事"要做，
既无时间也缺乏足够的训练来掌握和说明这些"体会"，
正不妨交由文科学者做长期细致而深入的思考，提供相
应的诠释和解说。

另一方面，人和社会复杂多变，暧昧难明之处所在
皆是，无法单纯用外在尺度衡量，学者又须深入其中，
做"了解之同情"，较之规律性相对更强的自然界，某些
方面的要求其实更高。但又因文科知识面向日用人生的
性质，研究结论虽不必一定做到老妪皆通，一个好的人
文和社会科学研究，却应当令人茅塞顿开，感到平日熟
悉而不知其所以然的日常体会被"说透"了，此便是其伟
大处。

但我的意思当然不是这些知识只该由文科学者垄
断，其他人只能被动听从。相反，正因文科学术直接面
对日用人生，它在人类的智识领域中本该占有更为优先
的地位。如果说人文学者不通相对论是个遗憾，理工科
学者人文素养的匮乏则直可导致一场人性的灾难。尤其

是当今日中国的大多数管理者都出自理工科的情况下，要想真正践行"以人为本"，恐怕还是要多听真正的（此三字重要）人文学者的意见。倘把人文与社会研究视为粉饰太平的点缀之具或是蛊惑人心的宣传品，则不单是歧视文科，根本便是看扁了"人"。说到此，想起东海大学致力于通识教育的历史学者陈以爱教授曾说，她的课主要面对理工科学生，因为"他们将来是要管我们的啊！"此言有理，但不知"将来要管我们的人"以为然否？

# "敏感精神"与人文学科

美国文化史家雅克·巴赞以《从黎明到衰落》一书为人所知。这部巨著追溯文艺复兴以来的西方文化发展历程，笔墨自由往返于文学、艺术、思想、科学、宗教、风俗之间，开阖有致，意态从容，令人眼光迷乱，而又脉络分明，用中国传统的才、学、识三项标准衡量，每一项皆居上品。

最近又读到巴赞的一本小书《我们应有的文化》，主题集中于当代文化，时间恰好与《从黎明到衰落》衔接，而以直抒胸臆为主，尤可见出其不同寻常的见解。比如，他提议："艺术和文化不应被放在大学中。文化本身与学术研究本身格格不入，大学不可能是文化艺术的家园。"巴赞不是做了一辈子学术研究吗？他的文化教养之丰厚有目共睹，何以有此激烈言辞？大学被当作文化的家园，文化不安放在大学中，难道要流落街头？

其实，巴赞的考虑很简单："通过专业化，文化被委托给专家了；文化已经不再是其分享者用来完善自己精神的财富了。"换言之，他反对的主要是对待文化的

"专业化"态度：文化从此沦为少数专家的谋生工具，他们每日生产更多的文化知识和更细密的文化分析，却使文化更加远离其自身的意义——"通过引导整个思想和举止，为更持久但不那么明显的目的服务"。在此意义上，"关于人文学科的学术研究"是一种"职业性专业"，正和"人文学科"截然相对。

我自己是从事人文学术研究的，从中颇受启发。不过，我的看法是，分析和知识都是文化存在的肥沃土壤，专业研究并不一定就是文化的敌人。当然，长期养成的职业习性确也使得学者有把文化从生活中拉出而将其"标本化"的危险，因此，研究者必须有足够的自省意识。用巴赞常常使用的一个词来说，对自己的职业，我们也需要有一种"敏感"精神。这个概念是巴赞赋予"文化"的一个特性：文化"并不分析"，无法计算，只可"通过观照来把握事物整体的性质"，因而也难以"直接向别人表达"，只能采用"意象"来"暗示"。它"是通过内心敏感性来理解、记忆和欣赏的。它们以整体的形式，供人们进行观照，而不是进行分析和量度"（这一点有助于我们理解科学作为一种文化的性质。想一想物理学家泡利所说的：科学结论"不是被思考出来的，而是像图形一样被感知到的"。参看《美与真的通途》，已收入本书）。

这里涉及了两个关键概念，一是整体，二是直觉（采取分析方式来处理这段话，似乎正与巴赞的教导严重背离，不过我也只是借此表明，学术研究有时也是我们达致文化的脚手架）。这其实更像是日常的生活经验：我们时刻需要做出许多判断，它们非常迅捷，不可能反复思量，结果却往往八九不离十。事实上，巴赞本人就把阅读比作"观看人的面孔"。我们观看各样的面孔，积攒了无数经验，作为下意识中的行动指南，但通常不会将之归纳为一些明确法则。阅读也是如此。在那些"明显远离诗歌的领域中"，我们"不断积累"各种知识，直到某天，它们不经意的与某句诗文发生共鸣，立刻产生巨大冲击力，使我们一下子得以深入其核心地带，产生更加丰富的理解。就此，我们有了第三个相关概念：积累。它意味着一种"不经意"的从容态度：我们相信人的心灵具有深刻的创造力，它保留着一条隐秘小径，不愿意对任何洋洋得意的人开放。

"敏感"精神的重要，是由"生活"的特性决定的。生活"充满规律性"，但不成"体系"，要善于生活，就必须"知道如何辨别状态，如何权衡状态实现的或然性"。不过，若仅止于此，生活本身不已足够，我们又何须文化？这是由于，与人性的辽阔与深邃相比，一个人实际触及的都只是生活的极小部分，太过有限，甚至令我们无法对自己的一手经验进行准确定位。因此，即使只是为了更准确地把握我们自己的狭窄世界，也必须借助于更宽广、更多样的二手经验，这需要由极为丰富的精致文化产品来提供。

这些文字写于 20 世纪 80 年代，也有其强烈的时空针对性。巴赞对现代社会有一个绝妙比喻——塑料。塑料"具备僵硬和柔韧两个特点",面对压力,"它并不以自然方式适应",而是"延伸和维持,直到破裂为止"。本来,我们如何评价一种社会行为,并无固定不变的标准,"得根据习惯和环境来判断",而这就需要我们在一定程度上具备一种"理性和睿智的相对主义"。但现代社会养成的"深思熟虑的盘算"态度,却把各种传统都视为"任意的"、"没有道理的",在推动极端相对主义盛行的同时,也严重侵蚀了人们过往所依赖的环境,以致心灵丧失健康的弹性,社会在貌似宽容的面孔下,隐藏着随时"破裂"的危险。

这也就是当代社会为何更需要人文学科的原因。这些学科的思维习惯,非常类似于那些"富有思想的人在生活中信奉的'理论'"——不过是些"常识"和"对环境的高度敏感性"。它们不提供"抽象结论",只供应一些"具体体验"。但它们致力于恢复和扩展我们的整体性生活经验,复苏心灵的整体感受力(其中当然也包括了人文研究者对自己专业的重新观照),而这种"敏感"精神实际关系到人类社会存在的基本意义。这里我愿引用宋儒程颢的一句话来说明这个问题:"医书有以手足风顽谓之四体不仁,为其疾痛不与知焉,非不仁而何?"一个充满"仁"的世界,有赖于激活每个人内心中的敏锐感觉,有赖于人文学科的健康成长。虽然我们也须知道,从人文学科抵达这个宏伟理想的道路并不是笔直的。

# 以知识分子的方式维持尊严和理想

## ——四川大学历史文化学院 2014 届毕业典礼致辞

各位同学好。

首先祝贺大家经过数年艰辛，终于修成正果。其次，也要对诸位表示感谢。这些年来，各位老师为大家传道授业，答疑解难；但我们从各位同学那里获益更多。你们拿出人生中最美丽的一段光阴，慷慨地同我们分享，用你们的纯良品性向我们证实这个世界越来越好的可能，也用你们的求知欲和想象力为我们的研究提供新的灵感和动力。这都是应该表示感谢的。

我常觉得，学校像一株参天老树，每年初夏都繁花绚烂，但一阵风吹过，这些花朵就要离开枝头，四散远方，飞往世界的每一个角落。这是很让人伤感的。可是，时间不会停止，无论如何，我们总要面对离别一刻。毕业典礼好比是你们的成人仪式，在子弟即将远行的时候，我们应该有些送别的话。不是教导，只是提示。在此后人生道路中，遇到困惑，或许能为大家提供一二参考。

第一是保持学术的习惯。我相信，经过多年的学院训练，大家已经养成了一些基本的学术习惯：尊重事实的态度、缜密细致的思维习惯、发现问题和解决问题的能力，等等。大家不要随着毕业，就把这种训练扔到脑后。无论你从事什么工作，这些训练总是有益的。

第二是保持独立的精神。这有两层意思。一是，我们生命的尊严不是别人给的，是我们内在固有的，除非你主动放弃，无论什么理由，它都是不可剥夺的。二是要用自己的头脑思考，不要人云亦云。我们中国，曾经有一段全国人民都用一个大脑思维的时代。这个时代，我们希望它再也不要回来。只有经过审思明辨的人生，才是有意义的。

第三是道德的勇气。在我们这个社会，维持道德的标准，是有成本的，主要是精神成本：意志力和勇气。这勇气不仅仅是面对政治上的强权压迫，有时也体现在日常生活中的选择。有时候，我们可能会得罪亲朋好友、父母兄弟，最重要的是，你最终要面对自己——做出这个决定，你可能就把自己逼到了角落。可是，我们必须意识到，自己的每一个选择都可能攸关这个国家的未来。这个社会的好坏，有赖于我们每一个人的行动。

有人说，我们这个时代是一个最好的时代。是否如此，我不知道，我有些悲观。但是，我也相信：第一，到目前为止，它还不是中国历史上最坏的时代；第二，我们将来应该比现在更好。我们是学历史的，不相信历史必然性一类空话。我们知道，真正的历史掌握在我们每个人的一言一行中。人当然不能用自己的心力决定历史的走向，但人也绝不是面对命运的压迫无可选择的可怜虫。我们可能会失败，但是没有我们的努力，这个世界会更糟。按照世俗的标准，孔子是失败者，可我始终相信，这世上是否来过一位孔子，是否传下一部《春秋》，人间面貌终究不同。

最后，也祝福大家前程似锦。不过，我也愿意在这里提醒大家，一个人是否能够取得成功，并不完全靠自己的努力，它也有一些运气成分，是我们所无法控制的。今天坐在这里的硕士毕业生中，有一部分是 2007 级历史学本科基地班的同学。我做过他们的学分制导师。在三年前他们毕业的时候，我曾给他们写过一封信，里面引用了范缜的一段话，我觉得有必要在这里再次引用："人生如树花同发，随风而堕，自有拂帘幌坠于茵席之上，自有关篱墙落于粪溷之中。"不是每个人都可以顺利降落在富人家的茵席之上，但是哪怕你真的不幸掉到了"粪溷之中"，也要以一个知识分子的方式，维持自己内在的尊严和理想。

谢谢！

**2014 年 6 月 20 日**

# "空山无人，水流花开"

## ——四川大学历史文化学院 2016 年研究生开学典礼的发言

　　很荣幸作为中青年教师的代表，欢迎各位同学来到四川大学历史文化学院，成为我们这个学问共同体中的一员。在诸位加入之前，这个共同体就已存在将近百年很久，在这之后，也还将永远存在下去。所以大家来到这里，面对的不只是眼前这些人，而是一个永续的传统。在我们这个学问共同体中，曾经出现过，而今天也还有很多听起来就值得我们自豪的名字，他们代表了中国历史学、考古学、民族学界曾经取得的最高成就，即使放在全球来看，也有其不可磨灭的贡献。我相信，由于各位的到来，这个名单也将再一次得到续补。

　　既然进入历史文化学院，我们就得了解自己的历史和文化，了解这个学问共同体的传统，了解它独特的学术气质。一个有魅力的人，必有其动人心目的风姿神彩；同样，一个伟大的学问共同体，也必有其让人钟情的学术气质。川大历史文化学院的学术气质是怎样的？我们又该如何了解它？第一个问题要交给大家，在接下来的若干年中去自己寻找答案。至于第二个问题，我想主要有两条途径。直接的方式是接触老师，从他们的言谈举动中去体会一个成熟学者的风貌。更重要的是间接方式，就是读书。我们要读的当然不只川大学人的著作，实际上，川大学人的作品在我们应读的范围内只占很小的一个部分，不过，对我们来说，这很小一部分所具有的意义却是最关键的。一百年来川大的史学传统就寄托在这些著作中。它们通过润物无声的方式，将一种独特的心智习性铭刻在川大历史文化学院学子的身上。所以我这里要做个广告，向大家推荐罗志田老师和其他几位老师一起编的一本书《名家治史：方法与示范》。里面收录了川大历史学科十位前辈的代表作品，而在座的同学正好属于此书编者心中的理想读者，各位同学可以通过这本书，体会到我们川大历史学科的"家法"所在。

了解这个学术传统，不仅是因为各位机缘凑巧，来到了川大历史文化学院，更重要的是，通过这个传统，我们被赋予了一种职责。我们可以想一想，这些前辈通过他们的终身成就，给我们打下了若许一份"家业"，我们该如何承继，更重要的是，如何发扬，使其更加充实，更有光辉。

这份责任的背后，是学问给我们带来的神圣感。你想到在你之前，有多少伟大学者曾由此走过，而你此刻正步武其后，你就被他们所带来的荣光所照亮了。这种感觉是非常重要的动力源泉。坦率地说，今天中国的学术环境并不好，有许多不公平的地方，很容易培育一些"精致的利己主义者"，甚至导致逆向淘汰。那我们该何去何从？一方面当然是要去尽量修正这个制度，使其更加公正，更能鼓励真正的学者；但另一方面，我们似乎也不能把一切都推给外在的环境。选择做真学问，是需要勇气的。我们都是学历史的，应该知道，历史并不总是那么公平的，从短期来看，尤其如此。在这种情形下，唯一支撑我们的，乃是我们自己的抉择。马克斯·韦伯在他有名的演讲《以学术为志业》中说，如果有年轻学者向你请教，自己是否要进入学术圈，你必须"凭着良心问一句：你能够承受年复一年看着那些平庸之辈爬到你头上去，既不怨恨也无挫折感吗？"这个问题，交给各位。

　　韦伯的这个问题，问得非常实际。的确，如果我们不能从做学问中获得对自己整个人生意义的肯定，那么它实在是一项大苦差事。世界如此广阔，又何必钻此故纸，还不如早日回头。不过我也想补充一点，学术生涯的确是辛苦的，可是，它比韦伯所描述的凄惨画面要温暖很多。探索知识的边疆所带给我们的幸福感，足以补偿这些艰辛。孔子说："知之者不如好之者，好之者不如乐之者。"我们选择一项事业，是因为可以从中获得厚实而持久的快乐。做学问需要吃苦，但只会吃苦，只靠忍耐，无法走远。因此，我也提醒大家，在接下来的几年时光，试着捕捉一下智识生活所能带给我们的快乐，并且把它存在心中。在这个嘈杂喧嚷的时代，一个人能做到"冠盖满京华，斯人独憔悴"，已经不容易了，不过还是显得有些消极。人生应该有个更积极更主动的境界，那就是苏轼所说的"空山无人，水流花开"。当然，这句话不只是送给同学们的，也是我的自勉。

　　谢谢大家。

2016 年 9 月 14 日

**图书在版编目(CIP)数据**

大学是一种生活方式/王东杰著．—北京：北京师范大学出版社，2018.2（2021.6重印）

（新史学文丛）

ISBN 978-7-303-22490-6

Ⅰ.①大… Ⅱ.①王… Ⅲ.①大学生－生活方式－中国 Ⅳ.①G645.5

中国版本图书馆 CIP 数据核字（2017）第 136999 号

---

营 销 中 心 电 话　010-58805072　58807651
北师大出版社高等教育与学术著作分社　http://xueda.bnup.com

---

DAXUE SHI YIZHONG SHENGHUO FANGSHI

出版发行：北京师范大学出版社　www.bnup.com
　　　　　北京市海淀区新街口外大街 19 号
　　　　　邮政编码：100875

| | |
|---|---|
| 印　　刷： | 北京盛通印刷股份有限公司 |
| 经　　销： | 全国新华书店 |
| 开　　本： | 890mm×1240mm　1/32 |
| 印　　张： | 9.625 |
| 字　　数： | 187 千字 |
| 版　　次： | 2018 年 2 月第 1 版 |
| 印　　次： | 2021 年 6 月第 2 次印刷 |
| 定　　价： | 48.00 元 |

| | | | |
|---|---|---|---|
| 策划编辑：谭徐锋 | | 责任编辑：齐　琳　王一夫 | |
| 美术编辑：王齐云 | | 装帧设计：王齐云 | |
| 责任校对：陈　民 | | 责任印制：马　洁 | |